粤/知/丛/书

大胆创意
初创企业知识产权指南

世界知识产权组织　著
广东省知识产权保护中心　组织翻译
尹怡然　廖露露　孙欣怡　范晓婷　译

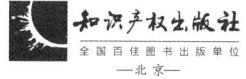

知识产权出版社
全国百佳图书出版单位
—北京—

ⓒ WIPO, 2021

First published 2021

 Attribution 3.0 IGO
（CC BY 3.0 IGO）

图书在版编目（CIP）数据

大胆创意：初创企业知识产权指南 / 世界知识产权组织著；广东省知识产权保护中心组织翻译 . —北京：知识产权出版社，2022.1（2023.1 重印）

ISBN 978-7-5130-7971-6

Ⅰ . ①大… Ⅱ . ①世… ②广… Ⅲ . ①企业—知识产权—中国—指南Ⅳ . ① D923.4-62

中国版本图书馆 CIP 数据核字（2021）第 260292 号

责任编辑：武 晋　　　　　　　　责任校对：王 岩
封面设计：杨杨工作室·张冀　　　责任印制：刘译文

大胆创意——初创企业知识产权指南
世界知识产权组织　著
广东省知识产权保护中心　组织翻译

出版发行：知识产权出版社 有限责任公司	网　　址：http://www.ipph.cn
社　　址：北京市海淀区气象路 50 号院	邮　　编：100081
责编电话：010-82000860 转 8772	责编邮箱：windy436@126.com
发行电话：010-82000860 转 8101/8102	发行传真：010-82000893/82005070/82000270
印　　刷：三河市国英印务有限公司	经　　销：各大网上书店、新华书店及相关专业书店
开　　本：880mm×1230mm　1/32	印　　张：5
版　　次：2022 年 1 月第 1 版	印　　次：2023 年 1 月第 2 次印刷
字　　数：96 千字	定　　价：28.00 元
ISBN 978-7-5130-7971-6	

出版权专有　侵权必究
如有印装质量问题，本社负责调换。

The Secretariat of WIPO assumes no liability or responsibility with regard to the transformation or translation of the original content.

对因转换或翻译造成的对原文的变更，WIPO秘书处不承担任何法律责任。

"粤知丛书"编辑委员会

主　任：马宪民
副主任：邱庄胜　谢　红　刘建新　黄光华
编　委：廖汉生　耿丹丹　赵　飞　吕天帅　彭雪辉
　　　　陈　蕾　陈宇萍　魏庆华　岑　波　张甫筠
　　　　黄少晖
编辑部：耿丹丹　廖汉生　陈小静　尹怡然

本书作（译）者

作　者：世界知识产权组织
译　者：尹怡然　廖露露　孙欣怡　范晓婷
审　校：李　伟　徐雨娴　张　靓　陈　希

丛书序言

我国正处在一个非常重要的历史交汇点上。我国已经实现全面小康，进入全面建设社会主义现代化国家的新发展阶段；我国已胜利完成"十三五"规划目标，正在系统擘画"十四五"甚至更长远的宏伟蓝图；改革开放40年后再出发，迈出新步伐；"两个一百年"奋斗目标在此时此刻接续推进；在世界发生百年未有之大变局背景下，如何把握中华民族伟大复兴战略全局，是摆在我们面前的历史性课题。

改革开放以来，伴随着经济的腾飞、科技的进步，广东的知识产权事业蓬勃发展。特别是党的十八大以来，广东深入学习贯彻习近平总书记关于知识产权的重要论述，认真贯彻落实党中央和国务院重大决策部署，深入实施知识产权战略，加快知识产权强省建设，有效发挥知识产权制度作用，为高质量发展提供有力支撑，为丰富"中国特色知识产权发展之路"的内涵提供广东的实践探索。

2020年10月，习近平总书记在广东考察时强调，"以更大魄力、在更高起点上推进改革开放"，"在全面建设社会主义现代化国家新征程中走在全国前列、创造新的辉煌"。2020

年11月，习近平总书记在中共中央政治局第25次集体学习时发表重要讲话，强调"全面建设社会主义现代化国家，必须从国家战略高度和进入新发展阶段要求出发，全面加强知识产权保护工作，促进建设现代化经济体系，激发全社会创新活力，推动构建新发展格局"。2021年9月，中共中央、国务院印发《知识产权强国建设纲要（2021—2035年）》，描绘出我国加快建设知识产权强国的宏伟蓝图。这是广东知识产权事业发展的重要历史交汇点！

2018年10月，广东省委省政府批准成立广东省知识产权保护中心。自成立以来，面对新形势、新任务、新要求和新机遇，保护中心坚持以服务自主创新为主线，以强化知识产权协同保护和优化知识产权公共服务为重点，着力支撑创新主体掌握自主知识产权，着力支撑重点产业提升核心竞争力，着力支撑全社会营造良好营商环境，围绕建设高质量审查和布局通道、高标准协同保护和维权网络、高效率运营和转化平台、高水平信息和智力资源服务基础等重大任务，在打通创造、保护、运用、管理和服务全链条，构建专业化公共服务与市场化增值服务相结合的新机制，建设高端知识产权智库，打造国内领先、具有国际影响力的知识产权服务品牌，探索知识产权服务高质量发展新路径等方面大胆实践，力争为贯彻新发展理念、构建新发展格局、推动高质量发展提供有力保障。

保护中心致力于知识产权重大战略问题研究，鼓励支持本单位业务骨干特别是年轻的业务骨干,围绕党中央和国务院重大决策部署,紧密联系广东省知识产权发展实际,深入开展调查研究,认真编撰调研报告。保护中心组织力量将逐步对这些研究成果结集汇编,以"粤知丛书"综合性系列出版物形式公开出版,主要内容包括学术研究专著、海外著作编译、研究报告、学术教材、工具指南等,覆盖知识产权方面的政策法规、战略举措、创新动态、产业导航、行业观察等,旨在为产业界、科技界及时掌握知识产权理论和实践最新动态提供支持,为社会公众全面准确解读知识产权专业信息提供指南,并持之以恒地为全国知识产权事业改革发展贡献广东智慧和力量。

由于时间仓促,研究能力所限,书中难免存在疏漏和偏差,敬请各位专家和广大读者批评指正!

广东省知识产权保护中心

"粤知丛书"编辑部

2021 年 10 月

中文译本序

随着世界经济全球化的发展，各国之间的竞争日益激烈。在新冠肺炎疫情影响下，全球新科技革命和产业变革加速演进，高科技被视为大国竞争首要的决定性领域，既决定能否在市场竞争和经济发展中抢占先机，也决定能否为国家安全带来保障。知识产权作为国家发展战略性资源和国际竞争力核心要素，是从科技强到产业强的重要桥梁。保护知识产权就是保护创新，更是推动产业链向高端升级，促进经济高质量发展的关键支撑。

中小企业是重要的创新主体，也是推进知识产权保护的重要生力军。习近平总书记强调，科技创新是建设现代化产业体系的战略支撑，要加强对中小企业创新的支持，培育更多具有自主知识产权和核心竞争力的创新型企业。中央要求，加大对中小企业创新支持力度，加强知识产权保护和运用，形成有效的创新激励机制。中小企业是经济的力量载体，在增加就业、推动经济增长和科技创新、促进社会和谐稳定等方面发挥着不可替代的作用。中小企业是推动我国经济社会发展的重要力量，也是推动世界经济复苏的重要引擎，支持中小企业发展已经成为各国共识。初创企业作为中小企业的重要组成部分，正在以源源不断的创新创意丰富着消费者的选择，让无数人享受到创意和新产品带来的便利，成为各国发展的有生力量。

2021年世界知识产权日主题为"知识产权和中小企业：把创意推向市场"。这一主题揭示了中小企业在经济发展中的关键作用，以及其如何运用知识产权将自身建设成为更加强大、更有竞争力和更有韧性的企业，十分契合当前我国中小企业的发展状况。世界知识产权组织及世界各国的知识产权部门在为中小企业创造有利条件，以推动创新创造、促进经济复苏和创造就业方面发挥了重要作用。全球众多国家也出台知识产权政策，助力中小企业发展。

WIPO发布的企业知识产权系列丛书均以中小企业为主题，包括商标及品牌入门、工业品外观设计入门、专利入门、版权及相关权利入门等。本书对初创企业如何利用知识产权制度保护创新成果、保持市场竞争力作出详细的介绍，并对忽视知识产权制度可能产生的风险进行说明；重点围绕试图将创新型技术解决方案推向市场的初创公司进行介绍，从知识产权类型、走向国际市场的方略、运用知识产权的策略、风险管理、知识产权数据库的管理、知识产权审计等方面进行阐述；强调初创企业应拥有正确的知识产权组合以保护公司竞争力，包括专利保护、商业秘密保护、著作权保护、商标保护、域名注册、工业品外观设计权的获取、海外布局保护等。另外，本书还对初创企业如何运用知识产权进行了指导，主要有许可、转让、融资活动等；提供了大量的企业案例，以期帮助读者进一步理解相关知识产权理论与策略。本书中的原则普遍适用于各种类型的初创企业，可作为初创企业知识产权创造、保护、运用及管理全链条发展过程中的行动指引。

世界知识产权组织助理总干事马尔科·阿莱曼充分肯定了中国在中小企业知识产权权益保护、技术成果转让等方面的工作，认为中国以知识和技术产出、创造性产出作为支柱，引领了全球创新。马尔科·阿莱曼表示，世界知识产权组织致力于为世界各地的中小企业提供知识产权服务，并十分重视与中国开展合作，未来将实施多种计划和举措，使中小企业能够更好地利用知识产权制度，将创新和创意推向市场。

当前，面对新冠肺炎疫情，中小企业对于经济复苏的作用更显关键，知识产权之于企业的重要性也更为突出。改革开放的不断深化，国内国际双循环相互促进新发展格局的构建，为进一步促进中小企业创新提供了舞台，本书的出版为进一步以知识产权护航初创企业发展提供了剧本。

广东省知识产权保护中心将本书原英文版组织翻译为中文版,中心内部成员为翻译本书作出很大努力。翻译工作得到世界知识产权组织的热情支持,指导我们在署名3.0政府间组织(CC BY 3.0 IGO)框架下取得翻译的许可,对此表示衷心感谢!同时,希望本书能为初创企业带来有用的信息与参考,为更多的创新主体提供经验和借鉴。我们鼓励有条件的读者研读英文原版,并对本书的中文版提出意见和建议。

译 者

2021年9月

企业知识产权系列丛书

1. 留下印记——中小企业商标及品牌入门
世界知识产权组织第 900.1 号出版物

2. 注重外观——中小企业工业品外观设计入门
世界知识产权组织第 498.1 号出版物

3. 发明未来——中小企业专利入门
世界知识产权组织第 917.1 号出版物

4. 创意表达——中小企业版权及相关权利入门
世界知识产权组织第 918 号出版物

5. 益友良伴——特许经营知识产权事务管理
世界知识产权组织第 1035 号出版物

6. 大胆创意——初创企业知识产权指南
世界知识产权组织第 961 号出版物

所有出版物英文版本可通过以下网址免费下载：
www.wipo.int/publications

原书声明

使用者无须经过明确许可，可对本出版物进行复制、发行、改编、翻译和公开表演，包括用于商业目的，但需注明来源于世界知识产权组织（WIPO），并在对原始内容作出修改时明确注明。

建议引用：WIPO（2021）；大胆创意：初创企业知识产权指南；日内瓦：世界知识产权组织。

未经 WIPO 批准和授权，改编、翻译、衍生作品中不得带有任何官方的徽标或标志。请通过 WIPO 网站与我们联系并获取许可。

对于任何本出版物的衍生作品，请标注如下声明："对因转换或翻译造成的对原文的变更，WIPO 秘书处不承担任何法律责任。"

当 WIPO 发布的内容（如图像、图形、商标或标识）来源于第三方时，此类内容的使用者应自行负责向第三方（权利所有人）征得许可。

查看本许可的副本，请访问网址：https://creativecommons.org/licenses/by/3.0/igo/。

本出版物所采用的名称和呈现的材料并不意味着WIPO就任何国家、领土、地区或其当局的法律地位有任何指向，或就其边界的划定有任何界定。

本出版物不反映成员国或世界知识产权组织秘书处的观点。

本出版物中提及一些具体的企业或制造商的产品，并不意味着它们得到WIPO的认可或推荐，也不代表它们优于其他未在此提及的类似企业或产品。

目 录
CONTENTS

致 谢 ……………………………………………………… I

缩略语中英对照 ………………………………………… III

介 绍 …………………………………………………… 001
指南的范围 / 003
什么是知识产权？/ 004
知识产权原生型初创企业与知识产权消耗型初创企业 / 009
了解技术就绪程度 / 010
商业模式与商业计划 / 014

保护你的创新 …………………………………………… 019
获得专利权 / 021
确保商业秘密得到保护 / 026
保护著作权 / 027

使你的产品在市场上脱颖而出 ………………………………… **029**
  获得商标权 / 032
  域名 / 035
  获得工业品外观设计权 / 037

走向国际市场 …………………………………………………… **041**
  在其他国家申请专利权 / 044
  在其他国家申请商标权 / 047
  在其他国家申请工业品外观设计权 / 050
  在其他国家获得版权保护 / 055

其他知识产权运用策略 …………………………………………… **057**
  许可 / 059
  转让 / 066
  融资渠道 / 067
  初创企业增值 / 073
  吸引合伙人和合作者 / 078

风险管理 ………………………………………………………… **081**
  明确所有权和使用权 / 083
  防止诉讼 / 086
  自由实施 / 087
  避免浪费时间和资源 / 091

使用知识产权数据库 ················· **093**
  专利数据库 / 095
  商标和外观设计数据库 / 101
  版权检索 / 102
  域名检索 / 102

知识产权审计 ······························ **105**

附录 1 服务供应商 ··················· **113**
  加速器 / 115
  孵化器 / 116
  技术管理办公室 / 117
  政府、非政府组织和国际支持项目 / 117

附录 2 原书资料清单 ················· **119**

附录 3 资料清单译文 ················· **125**

致　谢

本指南的初稿由土耳其伊斯坦布尔知识产权机构 TLS 的管理合伙人 Omer Hiziroglu 编写。世界知识产权组织的工作人员对文本进行了校对或补充，他们分别是：马德里协定法律处高级法律干事 Tetyana Badou，WIPO 仲裁与调解中心互联网争端解决部主管 Brian Beckham，《专利合作条约》法律和国际事务部法律与用户关系处处长 Matthew Bryan，技术和创新支持处处长 Andrew Czajkowski，技术和创新支持司工业产权信息干事 Irene Kitsara，知识产权商业部知识产权运用处处长 Allison Mages，海牙体系注册部海牙法律事务处主管 Hiroshi Okutomi，商标、工业品外观设计和地理标志部政策和立法咨询处处长 Marie Paule Rizo，以及版权法务处处长 Michele Woods。

本指南文本由如下人员进行同业互查：加拿大和美国的奥斯勒商业法律公司（www.osler.com）Sydney Young 和 Nathaniel Lipkus，意大利米兰的 MITO 技术公司首席技术官 Andrea Basso，欧洲和瑞士专利律师 Alix Dubes，以及瑞士知识产权解决方案相关机构 ADIPSE Sàrl。

商业知识产权部顾问 Tamara Nanayakkara 对指南进行了构思、协调和审查文本的输入，对相关章节进行分工、管理并完工。

本指南起源于WIPO发展和知识产权委员会2018年批准的一个名为"提高女性在创新创业中的作用，鼓励发展中国家的女性运用知识产权制度"的发展议程项目。在为初创企业编写本指南的过程中，我们从上述项目中汲取了大量来自世界各地成功女性企业家的例子，并阐明了她们如何运用知识产权制度成功建立自己的事业。

缩略语中英对照

中文名称	英文全称	英文简称
应用程序接口	Application Program Interface	API
专业化专利信息查询	Access to Specialized Patent Information	ASPI
非洲地区知识产权组织	African Regional Intellectual Property Organization	ARIPO
企业对企业	Business-to-Business	B2B
比荷卢知识产权局	Benelux Office for Intellectual Property	BOIP
国家或地区代码顶级域名	country code Top-Level Domain	ccTLD
联合专利分类体系	Cooperative Patent Classification	CPC
客户关系管理	Customer Relationship Management	CRM
欧盟知识产权局	European Union Intellectual Property Office	EUIPO
朋友、家人和其他	Friends, Family and Fools	FFF
自由实施	Freedom to Operate	FTO

续表

中文名称	英文全称	英文简称
通用顶级域名	generic Top-Level Domain	gTLD
因特网名称和号码分配机构	Internet Corporation for Assigned Names and Numbers	ICANN
知识产权	Intellectual Property	IP
国际专利分类	International Patent Classification	IPC
有限合伙人	Limited Partner	LP
美国国家航空航天局	National Aeronautics and Space Administration	NASA
非洲知识产权组织	African Intellectual Property Organization	OAPI
原始设备制造商（代工）	Original Equipment Manufacturer	OEM
《专利合作条约》	*Patent Cooperation Treaty*	PCT
研究与开发	Research and Development	R&D
剩余有效期	Remainder of Useful Life	RUL
软件开发工具包	Software Development Kit	SDK
股东协议	Shareholder Agreement	SHA
技术和创新支持中心	Technology and Innovation Support Centers	TISC
顶级域名	Top-Level Domain	TLD
技术就绪程度	Technology Readiness Level	TRL

续表

中文名称	英文全称	英文简称
技术转移办公室	Technology Transfer Office	TTO
《统一域名争议解决政策》	*Uniform Domain Name Dispute Resolution Policy*	UDRP
风险投资	Venture Capital	VC
世界知识产权组织	World Intellectual Property Organization	WIPO

指南的范围

一家成功公司的创办往往源于一个好的想法。当其他类似想法由于同质商品的存在、缺乏市场吸引力或价格偏高而被淘汰之际,这个想法很有可能经过了从实验室到市场漫长又复杂的"旅途"而最终"生存下来"。知识产权制度[1]在整个过程中扮演着重要角色。企业应使知识产权充分融入并支持其商业策略的运行。

知识产权制度使创新者掌控自己创新的命运。知识产权有助于防止模仿者抄袭,并使公司创造出与众不同的企业形象,提升市场占有率。良好的知识产权管理实践与企业的发展过程始终密切相关,包括企业建立、扩张、寻求投资者、寻找合作伙伴和合作者以及雇用员工的过程。初创企业被其他公司收购或不幸破产的时候,知识产权也很重要。此外,知识产权也是重要技术和商业情报的来源,它们为企业在商业周期中提供了极其宝贵的决策参考。

初创企业应该意识到,除了提升公司竞争力,知识产权制度还可用于有效管理风险。忽视知识产权管理的初创企业可能会侵犯他人的知识产权,无法进入他人已占据的技术领域,或者自己的核心资产因其他公司抢先申请知识产权保护而被迫失去。这些都是致命的错误。

本书将对初创企业如何利用知识产权制度保持竞争力提

供指导,并对忽视知识产权制度可能产生的风险予以说明。本书重点围绕试图将创新型技术解决方案推向市场的初创公司进行介绍。对于非技术型但拥有新颖的营销理念、迎合小众市场、提供创新服务的初创企业,本书中的相关原则也同样适用。知识产权制度对所有初创企业都有帮助,而且对于个别公司帮助更大。

什么是知识产权?

广义上说,知识产权指的是智力创造。在符合法律规定的前提下,这些创造已经在法律中被认定为创造者所拥有的产权。通常来说,尽管各国对于产权的理解和使用还存在差异,但是对于产权的获取条件,各国已经以国际条约的形式达成共识。

智力创造指的是新颖的产品构思、耳目一新的技术方法、引人注目的设计、独特的商业标志,以及音乐、歌曲、绘画、雕塑等。从本质上来说,尽管人们可以触摸、抓住或体验智力创造的载体,但人们无法触摸、抓住或看到智力创造的想法,所以智力创造是无形的。这种无形性使其具有与众不同的优点和缺点。因为想法具有无形性,所以很难防止他人盗用和复制;同时,一种想法可以被多人同时利用,而不产生有形损耗或质量损坏。以一首歌为例，人们可能很难阻止他人抄袭自己写的歌曲，并且很多人可以同时欣赏自己写的歌曲。在满足法律标准的前提下，知识产权法使创作者能够拥有其创新想法和创造性成果的所有权，并且赋予想法以有形表现。

当想法满足具备商业潜力的产品或服务的基本条件时，如何使用知识产权加速进入市场便重要起来了。下面简要介绍知识产权相关的运用工具。

专利

专利是由政府对具有新颖性、创造性和实用性的发明授予的专有权。它赋予其产权所有人排除或阻止他人基于该项专利进行制造、使用、许诺销售、销售或进口产品或工艺的权利。

专利由国家专利局或由代表多个国家的地区专利局授予。在专利所有人及时缴纳年费以维持专利有效性的前提下，专利的保护期限通常自申请之日起最长可达 20 年。专利权受到地域的限制，其效力仅限于授权国家或地区境内。作为被授予专利权的回报，专利申请人必须提供详细、准确和完整的说明书。[2] 专利文件（专利申请和/或已授权专利）由世界各地的专利局公开，是专利信息的主要来源。因为许多发明并未在科学文献中发表，所以公共专利汇编和商业专利数据库是技术信息的主要来源，通常也是唯一来源。

商业秘密

商业秘密是对企业具有商业价值的信息进行保密的措施。从广义上讲，任何信息都可以被视为商业秘密，如技术知识、客户名单、财务信息和营销策略等。商业秘密通常被描述为冰山，而专利是被看到的冰山一角。初创企业可能拥有大量机密信息，其中一些可能存在专利授权的可能性。通过采取保密措施，可以将所有这些信息都作为商业秘密进行保护。由于一旦申请专利便需要公开信息，出于战略角度考虑，有的初创企业可能决定对其可申请专利的信息进行保密。如果信息在专利申请过程中或出于其他原因被公开，那么该信息便不再被认定为商业秘密。

版权

版权法对作者、作曲家、计算机程序员、网站设计师和其他创作者的文学、艺术、戏剧或其他形式的创作（通常称为"作品"）授予法律保护。版权法保护众多原创作品，包括书籍、杂志、报纸、音乐、绘画、照片、雕塑、建筑、电影、计算机程序、游戏和原始数据库。但是，版权只保护思想的表达，不保护潜在的想法或概念。这是一个重要的区别。如果想法用不同的方式表达，就不太可能侵犯作者的版权。版权法赋予作品的作者或创作者在国家法律规定的一段时间内对其作品拥有一系列专有权。在大多数国家，版权的有效期为作者有生之年加上 50 年；在一些国家和地区，包括美国和欧洲，版权有效期更长。这些权利使作者能够以多种方式控制对其作品的经济使用并获得报酬。版权法还规定了"著作精神权利"，其中包括保护作者的声誉和作品的完整性。一般而言，作者不可转让这些权利。[3]

商标

任何能够区分商品或服务的标志（包括文字、名称、字母、数字、图画、图片、形状、颜色、标签或以上任意组合）均可作为商标使用。在大多数国家，时髦用语、广告标语和标题也可能构成商标。商标注册后便可获得法律保护。在某些国家，商标的法律保护要通过使用获得。要取得商标注册，第一步是向国家或地区商标局提交相关申请表，商标局根据当地适用的法律审查申请，并批准或驳回商标注册。虽然不同国家商标的保护期限可能会有所不同，但一般来说注册商标的保护期为 10 年。如果在注册到期前的指定时间支付续展费，商标则可以无限续展（通常每次续展 10 年）。[4]

工业品外观设计

工业品外观设计是指物品的装饰性或美学特征。如果满足某些条件，产品可以获得工业品外观设计的保护。工业品外观设计的保护范围不含产品的技术或功能。要想注册申请工业品外观设计，申请人必须向相关国家或地区知识产权局提交国家或地区注册申请。工业品外观设计保护期限因国家而异，但至少10年。[5]

其他知识产权[6]

1. 实用新型专利也称为"短期专利""小专利"或"创新专利"。在许多国家，某些类型的发明，包括对现有产品的小改进，可作为实用新型专利受到保护。

2. 植物新品种。在许多国家，植物新品种的育种者可以通过授权获得植物育种者权利的保护。

3. 集成电路布图设计（或拓扑）。集成电路的原始布局或设计可以受到保护，以防止抄袭。

虽然以上各类知识产权被列为单独的权利，但实际上它们都可用以保护和销售产品。以智能手机为例，专利保护从系统运行到摄像技术的功能，商标保护其标志和特征，工业品外观设计保护其形状和整体外观，版权保护运行软件的源代码，商业秘密保护在全球范围内使这款智能手机商品化的营销策略。

知识产权原生型初创企业与知识产权消耗型初创企业

本指南对于区分知识产权原生型初创企业和知识产权消耗型初创企业可能会有帮助。知识产权消耗型初创企业是指其商业理念需要技术支撑的初创企业；知识产权原生型初创企业是以核心知识产权为中心的初创企业，需要商业理念来实现企业的良好发展。

通常来说，知识产权消耗型初创企业很少或根本不涉及研发，并且几乎不生成任何专利内容或软件。这些公司往往是互联网初创企业、应用程序开发公司或互联网应用市场，如爱彼迎（Airbnb）或优步（Uber）。相比之下，知识产权原生型初创企业围绕知识产权保护的技术解决方案来构思商业理念。典型的情况是这种类型的初创企业拥有一项由自己开发或者由大学或研究机构授权许可的受专利保护的早期技术。

实际上，对于创新型初创企业无法完全按此区分。大多数创新型初创企业之间都是密切相关的：知识产权消耗型初创企业产生知识产权，而知识产权原生型初创企业消耗知识产权。为了推动商业理念的发展，大多数知识产权消耗型初创企业通过许可获得或购买受知识产权保护并由第三方拥有的技术。许多企业通过转包给第三方的形式，为其商业模式开发解决方案。一旦方法奏效，在理想情况下，知识产权消耗型初创企业将开始研究解决方案并专心致志创造潜在的知识产权。这些知识产权往往是商标，可能还有一些算法以及用户界面的基本版权等。随着不断取得进展，在优化获得许可的软件、开发自己的软件或者为其增加新功能时，知识产权消耗型初创企业都可能创造出新的知识产权。随着时间的推移，还将产生机密的商业信息。最成功的知识产权消耗型初创企业有爱彼迎、优步和阿里巴巴，这些企业创造了越来越多的知识产权，并且经常收购第三方的知识产权和大量专利组合，以保持或增加其竞争优势。

一旦创立，资金充足的知识产权原生型初创企业通常会继续投资研发并创造新的知识产权。

了解技术就绪程度

技术就绪程度（TRL）是评估技术或产品接近商业化程度的方法（见图1），该方法以美国国家航空航天局（NASA）为评估空间技术成熟度而制定的方法为基础。尽管有专家声称该方法不适用于所有类型的技术，但它已经广泛用于不同的行业领域。欧盟委员会和英国公共部门是其中几个对TRL模

介 绍

型进行过调整的机构。对每个技术项目均根据特定参数进行评估，并获得 TRL 评级。在九个等级中，TRL 1 的产品技术就绪程度最低，而 TRL 9 的产品技术已完全成熟。[7]

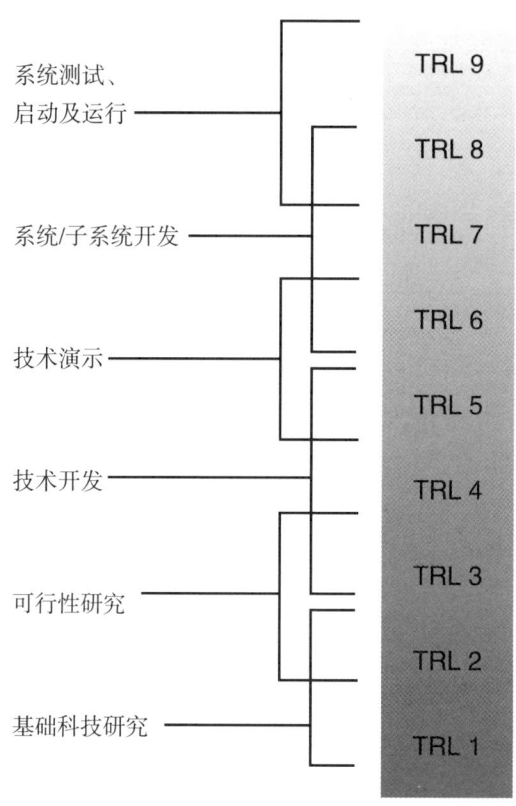

图 1 技术就绪程度

来源：美国国家航空航天局。

Arçelik A.Ş. 公司的故事

Arçelik A.Ş. 公司（以下简称 Arçelik 公司）于 1955 年在土耳其成立，隶属 Koç 控股，生产家用电器和电子产品，销售遍布全球 100 多个国家。

2004 年，Arçelik 公司推出了一款名为 Telve® 的土耳其咖啡机。土耳其咖啡以风味浓郁而闻名，其传统的煮制方式受到联合国教科文组织（UNESCO）的认可并被列入非物质文化遗产名录。[8]

在土耳其，咖啡的煮制方法历史悠久，现代煮制方法很难得到消费者的认可。因此，在机械设计和商业营销上，制造出能够模仿传统土耳其咖啡口感的机器很有挑战性。

Telve® 咖啡机的构思源于 2001 年年底。

为了弄清楚土耳其咖啡的特别之处，2002 年 1 月，Arçelik 公司的研发工程师开始研究土耳其咖啡的传统煮制技术。研究人员开展了多项调查，并参观了传统的土耳其咖啡馆，来确定咖啡制作的关键要点。研究结果表明，土耳其咖啡的制作方法十分简单：冷水慢火加热，避免搅拌以保留泡沫，并在液体达到沸点之前停止加热。要实现自动化，就得对每个问题都提供个性化的技术解决方案。2002年9月，Arçelik公司的实验室已经开发出机器的概念雏型。经过内部测试，Arçelik公司的团队于2003年确认了最终模型。

Arçelik公司的团队意识到他们的发明需要专利保护，于是检索了专利数据库并研究了当时市面上已有的咖啡机。经过专利检索，没有发现市场上存在直接竞品。然而，有几项检索到的专利提供了有关市场竞争格局的重要信息，这些信息帮助Arçelik公司降低了风险。Arçelik公司最终提交了涵盖技术和产品的8项国际专利申请、3项商标申请和3项外观设计申请。

在强大的市场营销和媒体新闻活动的支持下，Telve® 咖啡机在2004年8月正式推出。Telve® 咖啡机奠定了其作为市场上唯一的土耳其自动咖啡机的地位，甚至研发团队都惊讶于其在商业上的成功。

第三方"山寨品"不可避免地随之而来。然而，Arçelik公司稳健的知识产权战略使其保持了竞争优势。第一批竞品进入市场之前至少需要10年，而在此期间，Arçelik公司已经构建起抵御竞争对手的城墙，并塑造了商誉、建立了信任。

在市场竞争开始前，Telve® 咖啡机已经经历了多次重大改进，牢固确立了市场领导者的角色。新产品包括第二代 Telve® 咖啡机、具有 9 杯咖啡容量的专业版 Telve® 咖啡机和拥有 22 项新专利和多项国际设计奖项的胶囊咖啡机。

目前，Telve® 咖啡机系列产品拥有属于 75 个专利族的 300 多项专利申请或专利授权、3 项注册商标、8 项工业品外观设计权和 12 项工业品外观设计申请。

利用技术就绪程度，公司能够衡量出相关技术或项目在创新链中的定位，技术就绪程度较低的项目通常需要大量开发才能被投放市场。这有助于企业家估量未来的投资开发费用。此外，技术许可的资金选择和资金机会也取决于技术就绪程度。从本质上讲，技术就绪程度等级只是一个指标。它可以帮助公司筹集资金、作出决策，但将技术推向市场的时机还受到其他一系列因素的影响。

商业模式与商业计划

成功的企业给消费者带来有价值的产品或服务。在商业模式中，初创企业要搭建识别、创造和实现价值的框架，提出创收方案,描述当前及未来的竞争,设定目标市场等。[9]考虑到运营和财务因素,商业计划则详细列明企业将如何实施其商业模式。商业计划书是预测新业务未来发展的重要战略文件,因此,制作一份全面的商业计划书,需要企业家进行详细预测。而大多数早期创业者并没有足够的数据来准确预测商业计划需要解决的关键要素。

因此,在初创企业创建的早期阶段,建议使用更灵活的商业模式来确定初创企业(一旦创建)将尝试验证的价值提案。然而,当商业模式的核心要素得到验证并且初创企业已经收集了足够的市场信息和数据以作出合理的预测之际,企业家应该花时间制定商业计划。

企业必须将知识产权战略融入商业计划中,并指明知识产权支持商业模式成功实施的具体方式。

注释

[1] "知识产权制度"是指:知识产权,知识产权授权程序,为处理、授予和登记此类权利而存在的国家、区域和国际体系,包含知识产权信息的数据库。

[2] 详见世界知识产权组织(2018年),企业知识产权系列丛书第三辑《发明未来——中小企业专利入门》(*Inventing the Future: An Introduction to Patents for Small and Medium-sized Enterprises*)。链接:

www.wipo.int/edocs/ pubdocs/en/wipo_pub_917_1.pdf。

[3] 详见世界知识产权组织(2006 年),企业知识产权系列丛书第四辑《创意表达——中小企业版权及相关权利入门》(*Creative Expression：An Introduction to Copyright and Related Rights for Small and Medium-sized Enterprises*)。链接：www.wipo.int/ edocs/pubdocs/en/sme/918/wipo_pub_918.pdf。

[4] 详见世界知识产权组织（2017 年），企业知识产权系列丛书第一辑《留下印记——中小企业商标及品牌入门》(*Making a Mark：An Introduction to Trademarks and Brands for Small and Medium-sized Enterprises*)。链接：www.wipo.int/edocs/pubdocs/en/wipo_pub_900_1.pdf。

[5] 详见世界知识产权组织（2019 年），企业知识产权系列丛书第二辑《注重外观——中小企业工业品外观设计入门》(*Looking Good：An Introduction to Designs for Small and Medium-sized Enterprises*)。链接：www.wipo.int/edocs/pubdocs/en/wipo_pub_498_1.pdf。

[6] 详见世界知识产权组织（2018 年）的《发明未来——中小企业专利入门》(*Inventing the Future：An Introduction to Patents for Small and Medium-sized Enterprises*) 第 12 页。链接：www.wipo.int/edocs/pubdocs/en/wipo_pub_917_1.pdf。

[7] 详见：https://web.archive.org/web/20051206035043/http://as.nasa.gov/aboutus/trl-introduction.html。

[8] 详见：https://en.wikipedia.org/wiki/Turkish_coffee。

[9] 商业模式可以通过商业模式画布创建；可视化元素可用来识别产品或企业的价值定位。相关例子请参阅：www.strategyzer.com/canvas/business-model-canvas。

保护你的创新

初创企业的创新产品或工艺可能在市场上具有新颖性，可能会提升现有产品或服务的性能，也可能会减少制造时间或成本。在所有情况下，初创企业都应尽快制定适合且支持其商业计划的知识产权战略。初创企业应拥有正确的知识产权组合以保护公司的竞争实力，从而推迟竞争对手进入市场的脚步，帮助初创企业在市场上站稳脚跟。

获得专利权

在开发出解决问题的技术方案之后，初创企业可能会考虑获得该技术方案的专利权。要想获得专利权，技术方案必须满足新颖性、创造性和实用性的要求。如果他人已经为相同或类似的技术方案申请了专利保护，则该初创企业的想法或产品就不具有新颖性，从而无法获得专利保护。因此，初创企业应利用专利数据库进行检索，确定类似的技术方案是否已存在，这一点十分重要。

此外，初创企业的自身行为可能会影响其获得专利保护。如果在专利申请之前已公开发明，那么此发明将不被视为新发明，而且该申请将不满足新颖性的要求。例如，在贸易展览、贸易期刊上的文章或与第三方在任何非机密条件下的讨论，可能会导致无意的信息公开。因此，在提交专利申请之前，对发明做好保密工作至关重要。如果需要进行信息公开，例如与供应商和潜在客户开展业务，则应在保密协议的保护下进行。

如果初创企业准备申请专利，那就应该尽早申请。申请时间应在初创企业意识到可能有技术问题的技术方案时，换句话说，在有足够的数据表明该项发明有效之时。为了充分保护发明的创新性和功能，对一项产品需要申请多项专利。

有些初创企业倾向于在等到产品最终完成后再申请专利，这种策略很冒险。在产品获得专利保护之前，企业可以先不必对产品进行市场推广。然而，如果等到商业化的最后阶段，则可能会错失获得专利保护的宝贵时机，因为竞争对手或其他第三方可能正在开发相同或类似的技术方案。

专利申请文件起草正确，权利要求（保护范围）涵盖发明的关键要素，这些都至关重要。在专利申请的准备阶段，初创企业需考虑到自身如何使用专利技术以及潜在竞争对手如何使用专利技术。在申请专利保护时，初创企业还应考虑实现专利有效利用的各种方式。随着市场的发展，专利申请中的信息公开可以创造回旋余地。在专利申请未决期间，根据最初的公开信息便可以改进产品或提交其他有价值的申请。然而，专利申请初期信息公开的范围应该与保密信息的价值相平衡，这两种方法都可以带来商业利益。

专利申请必须提交给相关国家或地区的专利局。为了解决技术问题并制定有效的知识产权战略，初创企业应聘请专利代理师来处理专利申请的准备和授权工作。

专利申请文件包括发明说明书、附图和摘要等，但是要注意，决定专利保护范围的是权利要求书。以下是申请流程的概述。[1]请注意，各国管理专利申请的方式各不相同。

1.形式审查。专利局审查专利申请书是否符合行政要求或手续。例如，是否材料齐全？是否已付费？

2.专利检索。在许多国家，专利局将对专利申请进行检索以确定发明为新发明。在实质审查期间（见下文），专利局通过检索审查专利、专利申请和其他公共信息。[2]

3.实质审查。专利局判定申请是否符合专利授权标准，但是并非所有专利局都会进行实质审查。有些专利局只对在特定时期内提出实质审查请求的专利进行实质审查；若未及时申请实质审查，会被视为放弃申请。审查结果以书面形式发送给申请人或代理人。在许多国家或地区，申请人可在审查期间就审查提出的任何异议作出回应或修改申请。但是，这往往会导致专利申请范围缩小。

4.申请公布。在许多国家或地区，在首次申请日后的18个月内将公布专利申请。

5.专利授权。如果审查通过，专利局将授予专利权并颁发证书。专利局通常会在此时发布专利公告。

6.专利异议。许多专利局都规定了第三方可以在规定时间内提出异议，例如发明不具备新颖性等。根据司法管辖区的不同，异议程序可能在授予专利之前或之后进行。异议期限届满后，第三方仍可申请撤销专利。

墨西哥 PASMX 股份有限公司的 Griyum 公司

企业家

Cristina Clocchiatti

Alejandro de la Brena Meléndez

Francisco Pérez Nardoni

核心知识产权

1. 申请中的实用新型专利。
2. 两项注册商标。
3. 技术诀窍。
4. 商业秘密。

网址 www.griyum.com.mx

产品

  Griyum 公司生产富含蛋白质的蟋蟀粉。与传统面粉相比，蟋蟀粉更健康、更环保，并且相对于其生产资源而言，蛋白质含量更高。

牛肉是蛋白质的主要来源。然而，养牛会排放对环境有害的温室气体和甲烷气体。昆虫养殖成本低，且有望成为蛋白质的替代来源。Griyum公司选择饲养蟋蟀是因为蟋蟀可实现大规模家养。

知识产权、产品和商业设计

在评估和了解现有昆虫养殖技术并听取知识产权方面的专业建议后，Griyum公司制定了其商业理念。它在早期便提交申请并获得了两项注册商标。公司的知识产权组合还包括商业秘密以及正在申请的实用新型专利。

除了初步的知识产权战略，Griyum公司还与战略合作伙伴建立涵盖面向农村社区小生产者的技术转让商业协定。Griyum公司采用企业对企业（B2B）模式来利用养殖蟋蟀和制作蟋蟀粉的技术诀窍，这些技术现已成为其竞争优势的基础。

生产1千克蟋蟀粉需使用10000—20000只蟋蟀，而Griyum公司面临的主要挑战是将蟋蟀生产扩大到农产工业水平。得益于5个试点蟋蟀养殖场的生产商和合作伙伴网络，Griyum公司目前每月可生产80—100千克蟋蟀粉。Griyum公司的短期目标是达到每月产量10—20吨。蟋蟀粉不仅在当地市场获得成功，全球的需求也在不断增加。

在申请知识产权保护时，必须特别注意知识产权共有的情况。在这种情况下，各方经常错误地认为他们将等份额享有共有知识产权。事实上，共同所有权授予各方对知识产权所有权的全部权利。[3] 当各方无法就知识产权所有人达成一致时，联合申请可直接解决问题。在实践中，管理和利用共同所有的知识产权面临诸多困难，尤其是在专利方面，各方的权利需要在各自的共同所有权协议中予以解决。如果共同所有人没有起草全面的知识产权所有权协议，他们可能会发生利益冲突，从而导致违约索赔。在同意共同申请知识产权保护之前，应向经验丰富的知识产权律师进行咨询。

确保商业秘密得到保护

机密信息对早期的初创企业来说很有可能是最有价值的资产，如市场策略、生产方法和客户名单等。因此，通过商业秘密来保护[4]这些资产是成功的关键。初创企业应该尽快识别机密信息并保护好自己的商业秘密。

商业秘密的保护没有正式注册程序。但是，必须采取以下合理措施才能获得保护：

1. 限制涉密信息的必要知悉人员范围。

2. 物理隔离涉密信息。例如，对公司财产和敏感区域（如实验室）进行隔离管理。

3.鉴于数字传输信息的便利性，要建立防止携带敏感信息离开工作场所的工作方案。

4.使用密码保护和防火墙来控制访问计算机文件和服务器。

5.与员工、供应商和合作伙伴签订保密协议。

6.禁止知悉涉密信息的人员披露或未经授权使用涉密信息。

7.对员工开展商业秘密政策培训，并培训员工采取切实措施保护公司的商业秘密。

请注意，无论受保护的是商业秘密内容本身还是商业秘密的管理方式，商业秘密保护均因国家或地区而异。

保护著作权

与商标、工业品外观设计和专利不同，著作权人不需要注册即可获得著作权，也不需要正式的版权声明来获得保护。在创作出受保护的作品时，版权即存在。尽管如此，有一些国家（例如美国）的版权局具有著作权登记的职能，对著作的关键要素进行登记的做法仍值得提倡。版权登记可以确定创作日期和版权所有权，从而帮助创作者使用版权并保护自己免受版权侵权索赔。初创企业应尽量在所有作品和文件上都标记版权声明（©）或类似信息。这可以让第三方知道已声明版权，并且更便于收取版权费。对于数字作品，应在元数据中添加版权（及其邻接权）信息，并在已有行业标准格式和标识符的情况下使用标准格式来增加版税和其他形式的收入。

注释

[1] 详见世界知识产权组织（2018 年），《发明未来——中小企业专利入门》（*Inventing the Future: An Introduction to Patents for Small and Medium-sized Enterprises*）第 25—26 页。链接：www.wipo.int/edocs/pubdocs/en/wipo_pub_917_1.pdf。

[2] 与发明可申请专利性潜力相关的"现有技术"。

[3] 详见 Kim S., V. Lipton（2012 年）在国际许可贸易工作者协会的刊物 *LES Nouvelles* 上发表的论文"全球知识产权的共同所有权"（*Joint Ownership of IP around the World*）。

[4] "诀窍"不一定是商业秘密。该术语通常是指更广泛的内部业务知识和技能。如果符合商业秘密的条件，这些知识和技能将构成商业秘密。

开发出解决问题或改进现有解决方案的产品或服务，并通过知识产权对其进行保护是不够的。初创企业还必须吸引消费者，并在市场中具备竞争力。消费者希望能够轻松找到他们需要的产品，并对产品产生信任。当消费者找到喜欢的产品时，他们就会对这些产品产生依赖，并且可能会再次购买这些产品。

因此，很重要的一点是，初创企业应尽早考虑如何为其产品打造出独特身份。企业应该确定醒目又好记的产品名称、标识或其他标志。产品的外观设计应该是比较特别的形状或形式，这样对消费者才具有吸引力。这些都可以受到商标权、工业品外观设计权和版权的保护，而且是有效营销的重要组成部分。

在选定脍炙人口的名称或有创意的款式新颖的设计之前，初创企业应该检查并确认他人类似的产品尚未注册相同或类似的名称，并且尚未申请相同或类似的设计。通过免费的商标和外观设计数据库，初创企业可以确定相同或类似的商标或设计是否已被注册。通过预先检查，初创企业可以不必围绕无法使用的名称和设计制定营销策略。此外，在第三方认为他人抄袭其名称或设计的情况下，第三方会采取措施阻止他人使用，初创企业通过预先检查也可以避免此类风险。犯错的代价是昂贵的。在某些情况下，即使商标或设计未注册，仅仅在市场上使用，初创企业也可能要被迫重新设计其产品或制定新的营销策略。因此，强烈建议初创企业尽早开展细致化的网络检索。检索范围应涵盖初创企业打算进入的本地市场和国外市场。首次检索可以在国家数据库和 WIPO 数据库[1]进行，也可以通过私营服务提供商获取更多具体信息。（详见"使用知识产权数据库"部分）

获得商标权

商标权可以通过申请注册商标权获得。在某些国家或地区，商标仅需用于商业用途而无须注册便可获得保护。然而，注册商标可享受最强有力的保护，是企业建立品牌形象、消费者信心和商誉的最安全方式。

为了避免商标申请不成功时产生的品牌重造成本，初创企业通常应考虑在产品推出市场前向其国家（或地区）知识产权局提交商标申请。以下是申请流程的基本概述，具体细节可能因国家或地区而异。初创企业可以聘请商标代理人来处理商标申请和注册流程。

1. 申请表。首先，申请人必须提交填写完整的商标申请表，具体包括企业的联系方式、商标图解（可能需要特定格式）以及进行商标申请的商品和服务说明（产品分类通常根据《商标注册用商品和服务国际分类尼斯协定》进行）。必须支付所需费用。申请表格可通过商标局或在线获得。在许多国家，整个申请流程都可以在线办理。一些国家的商标局可能还需要企业提交商标的使用证明或计划使用的声明。

2. 形式审查。相关部门审查申请，以确保申请符合管理要求。例如，是否正确填写了申请表？是否已支付申请费？

3. 实质审查。在一些国家，为核实待审商标是否应以绝对理由驳回（"绝对理由"一词是指根据相关国家的商标法规定不能注册的标志类别），商标局只会进行部分实质审查。当实质审查发现应以相对理由驳回的情况时，商标局须对待审商标是否与现有注册商标相抵触进行检索。

4. 公告和异议。在许多国家或地区，审定商标会发布在期刊上，异议人可在规定时间内提出异议。在另外一些国家或地区，会在商标注册之后发布公告，并且允许异议者在规定时间内申请撤销注册。

5. 注册。如公告期间无异议，则该商标予以核准注册，并向申请人颁发有效期为10年的商标注册证。

6. 续展。通过支付相应的续展费，可以无限期续展商标，但如果商标在一段时间内未使用（根据相关商标法的规定），则该注册商标会完全失效，或某些商品或服务的注册商标会部分失效。

虽然建议尽早申请商标保护，但初创企业应该意识到大多数国家的司法体系都有"以经营为目的"的商标申请要求，企业应在申请之日起的规定时间内，在经营中使用其申请类别的商标。如果企业在规定的时间内"未使用"或停止使用该商标，则会认定企业已放弃其商标权，那么其商标权将失去保护。当商标所有人希望在国际上进行市场扩张时,"以经营为目的"的要求便是一个巨大的挑战。因为如果企业过早提交国际申请,无法在"以经营为目的"的规定时间前进入市场的话,那么该企业可能会失去在特定市场的商标保护。

请记住以下正确使用商标的注意事项:

1. 有所为

(1)使用®符号表示注册商标。

(2)使用大写、粗体或斜体字体,或将商标放在引号中,将商标与周围的文字区分开来。

(3)确保商标使用的连续性。如果商标以特定的拼写、设计、颜色或字体的形式注册,请确保商标的使用始终与注册时保持完全一致。

(4)制定明确且有说服力的商标使用最佳实践指南。指导商标被许可人、员工、供应商、分销商和消费者如何使用商标,确保所有相关参与者始终如一地遵循政策和准则。

2. 有所不为

(1)请勿修改商标。避免改变连字符、组合或缩写。例如,"MONTBLAC® 钢笔"不应显示为"Mont Blanc"。

(2)不要将商标用作名词,只能用作形容词。例如"LEGO® 玩具积木",而不是"Legos"。

(3)不要将商标用作动词。例如"由 ADOBE® PHOTOSHOP® 软件修改",而不是"photoshopped"。

（4）请勿将商标用作复数形式。例如"TIC TAC® 糖果"，而不是"tic tacs"。

做到这些注意事项中的大多数，可以确保商标得到保护并防止商标模糊化或通用化。

域名

当今世界万物互联互通，无论是实体商品交易还是数字商品交易，企业或多或少都必须在网上开展业务。因为客户会使用网址查找和查看互联网上的企业和产品，所以区别不同企业网址的域名已成为重要的企业标识符。因此，初创企业应该特别注意自身的网络形象和域名。

互联网名称与数字地址分配机构（ICANN）负责域名系统的技术管理，其网站公布了有关域名注册的信息。

商标比域名早在几百年前就作为商业标识。正如我们所见，商标是受国家法律和国际条约保护的重要知识产权。相比之下，域名是一种相对较新的事物，是为了响应互联网上对标识的需求而创建的，并且没有类似的注册法律制度来规范其使用。为解决域名的恶意注册和使用问题，世界知识产权组织制定了《统一域名争议解决政策》（UDRP），下文将详细讨论。商标在注册所在地有效，而互联网没有界限限制，域名也没有边界或地域限制。因此，商标所有人可能会在互联网上发现与其商标相似或相同的域名。更糟糕的是,使用相似域名的企业可能会出售相同或类似的商品,甚至是假货。即使该域名注册后未被使用,商标所有者也无法使用该域名。

因此,初创企业应尽快注册域名。其中,第一步是选择顶级域名(TLD)。顶级域名是指域名最后一个点之后的字符(例如 www.wipo.int 中的".int")。通用顶级域名(gTLD)包括".com"".org"和".net"。较新的通用顶级域名包括".online"".life"和".app"。国家或地区代码顶级域名(ccTLD)表示国家或地区,如".ch"表示瑞士,".us"表示美国。

顶级域名圆点之前的部分称为二级域名。这部分用于标识企业想突出强调的业务和需要,以便消费者可以轻松记住该网站。企业对域名的首选可能是其商标。但是,其可能已被他人采用,在这种情况下,可能需要修改首选域名。例如,假设一家名为 Delta 的水龙头(faucet)公司发现"delta.com"已被注册,它可能会注册为"deltafaucet.com",或者如果符合顶级域名的相关标准,则可注册为"delta.ch"或"delta.online"。[5]

如果初创企业尚未注册商标,选择一个也可用作域名的商标(以完全相同的形式或可接受的变体形式),并同时注册两者是明智的选择。

"抢注"是注册属于或包含注册商标的域名以阻止商标所有人使用该域名、向商标所有人勒索金钱或损害品牌的行为。初创企业如果被此类行为影响,可以根据《统一域名争议解决政策》提出控告。若发现域名被恶意注册,可以责令其注销或者转让。在全球范围内,世界知识产权组织是互联网名称与数字地址分配机构认可的解决域名领域争议的领先服务供应商。[6]

获得工业品外观设计权

如上所述,设计精美的产品和包装在市场上更具吸引力和知名度。如今,许多功能相似的产品都在视觉吸引力方面展开竞争,而商标和设计的结合通常是品牌忠诚度的基础。当初创企业将产品推向市场时,应打造好和保护好独特且有吸引力的设计。

通常必须是新的或原创的设计才能获得工业品外观设计保护。在提交注册申请之前,确保外观设计不被公开非常重要。若在申请前公开,外观设计可能会以不具备新颖性为由而被认定为不具备受保护资格。一些国家或地区提供申请前的宽限期,在此期间,申请人可以在不失去保护资格的情况下公开外观设计。但是,在提交申请之前避免公开是更加安全的选择。初创企业通常通过以下步骤来申请工业品外观设计权。[7]

1.申请表。申请表可从国家或地区知识产权局获得。申请人需提供姓名和联系方式以及法律代表(如有)。大多数国家要求申请人在其申请中提交指定格式和尺寸的工业品外观设计复制件,其他要求依不同司法管辖区而定。例如,某些国家或地区要求对工业品外观设计进行书面说明或提交外观设计记录，或者可能要求创作者提交申请准确性的正式声明。

2. 缴纳申请费。

3. 代理人。初创企业可以选择委托知识产权代理来代表或协助初创企业提交、完成申请流程。一些国家要求申请人指定知识产权代理人。通过此种方式进行申请，初创企业需提交"授权书"才能作出委托。

4. 审查。知识产权局通常会核实申请是否满足形式要求，例如设计的复制品是否符合品质要求，以及是否已支付费用。许多知识产权局还进行实质审查，以确定工业品外观设计是否符合保护要求。

5. 注册登记或给予保护。一般来说，工业品外观设计必须满足以下要求才能获得保护：除了符合相关法律对外观设计的规定，该外观设计还必须具备新颖性或原创性。实质审查的参考要求也是如此。

6. 续展。工业品外观设计的保护期限因国家或地区而异，但保护期限至少10年。在许多国家或地区，保护期可划分为若干个连续的续展期。

注释

[1] 详见 https://ipportal.wipo.int。

[2] 详见世界知识产权组织（2017年）《留下印记——中小企业商标及品牌入门》（*Making a Mark：An Introduction to Trademarks and*

Brands for Small and Medium-sized Enterprises）第 44—45 页。链接：www. wipo.int/edocs/pubdocs/ en/wipo_pub_900_1.pdf。

[3] 同[2]，第 60—61 页。

[4] 详见 www.icann.org。有关概述请参阅 www.icann.org/en/system/files/files/domain-names-beginners-guide-06dec10-en.pdf。

[5] "Delta"是厨房水龙头制造商和航空公司的商标。从理论上来说，两者都可以合法地声明域名"delta.com"。由于该域名恰好由航空公司持有，因此另一个品牌所有者的域名为"deltafaucet.com"。

[6] 如需更多信息，请参阅 www.wipo.int/amc/en/domains/index.html。

[7] 详见世界知识产权组织（2019 年），《注重外观——中小企业工业品外观设计入门》(*Looking Good : An Introduction to Designs for Small and Medium-sized Enterprises*）第 15—16 页。链接：www. wipo. int/edocs/pubdocs/en/wipo_pub_498_1.pdf。

走向国际市场

真正的全球成功故事来自能够满足全球市场需求的初创企业。如果一些国家的国内市场需求够大，初创企业可以仅服务其国内市场；然而，如果国内市场需求太小，不足以支持企业的增长，则初创企业必须尽早考虑进驻全球市场。

初创企业常犯的一个错误是以为在本地市场运作成功的商业模式同样适用于国际市场。实际上，某些商业模式、产品或服务对部分市场有吸引力，但对其他市场却不然。初创企业必须考虑是否进入某个海外市场，或者是否能够改变企业供应以更好地适应该目标市场。此外，还需要确保有足够的资金来实施全球增长策略。

进入一个新的市场本质上类似于创办一家新的企业：企业需要评估其能力、开发特定的商业模式并作出合理的财务预测。当企业开始进入新的市场时，其可能挑战当地企业，并刺激当地的创新和模仿活动。因此，在目标市场中保护好企业的知识产权是企业成功的重要条件。

企业应当谨记：知识产权具有地域性，其效力仅限于被授予权利的地域（国家或地区）。因此，初创企业在一个国家或地区获得的知识产权在其想要扩展的其他地域中有可能是无效的。

目标国家的知识产权法律也可能与初创企业所在国的法律有所不同。初创企业必须尽早仔细考虑其想在哪些国家经营、出口到哪些国家或从哪些国家采购，以确定将在哪些地域寻求知识产权保护。[1]

《保护工业产权巴黎公约》(以下简称《巴黎公约》)创建了在多个国家提交专利、商标和工业品外观设计申请的重要机制。[2]根据该机制,在一个国家或地区首次提交申请的日期被称为优先权日。优先权日后,同一申请人就相同的发明创造在规定的期限(优先权申请期限)内在其他国家或地区提交的申请以优先权日作为申请日。对专利而言,优先权申请期限为12个月;对商标和外观设计而言,优先权申请期限为6个月。

在其他国家申请专利权

通常情况下,初创企业会先在本国提交专利申请。为了有效利用《巴黎公约》的规则,计划在国外经营的初创企业必须在12个月内(优先权申请期限内)向其他目标国家提交专利申请。

《专利合作条约》(以下简称PCT)由WIPO管理,为企业提供了一种在多国申请专利的高效、经济、实用的方法。[3]根据PCT,企业不需要逐一向各个国家或地区提交申请,而只需要提交一份国际专利申请,就可以在多国同时寻求发明创造的专利保护。各个国家和地区的专利局负责在国家阶段授予专利权。[4]

企业可以一开始就将PCT申请作为国际专利申请提交,

也可以在首次国家专利申请后的12个月内提交PCT申请。

根据PCT申请流程（详见图2）：

1. 企业在一开始提交国际申请，或者在提交国家或地区申请后的12个月内提交国际申请。

2. 除非申请人请求更早地公布其申请，否则该申请将在优先权日之后18个月内公布。由于公布申请将公开关于该发明创造的信息，因此，该公布时间意味着申请从优先权日起18个月内是保密的。

3. 在优先权日起30个月内，[5]申请人必须指定希望在哪些PCT缔约方获得专利保护；其申请将在指定的国家进入国家阶段。在此阶段，一方面，初创企业应该仔细地确定哪些国家是其业务的重要市场，并采取措施在当地获得知识产权保护，因为其发明创造在当地的受保护状况可能决定其在该市场的商业成功。另一方面，初创企业经常需要在此阶段进行大量投资。随着选择要求获得专利保护的国家数量增加，所需成本也成比例地上升。在每个指定的国家，企业都要承担办公场地相关费用以及翻译、当地律师服务等费用。

4. PCT只是用于提交和处理专利申请的流程体系，实际上并不存在全球专利或PCT专利。专利权必须在各个国家或地区单独请求和获取，各个指定国家根据本国法律决定是否授予专利权。

5. 与基于《巴黎公约》的传统专利体系相比，PCT体系为企业提供更多时间和信息。

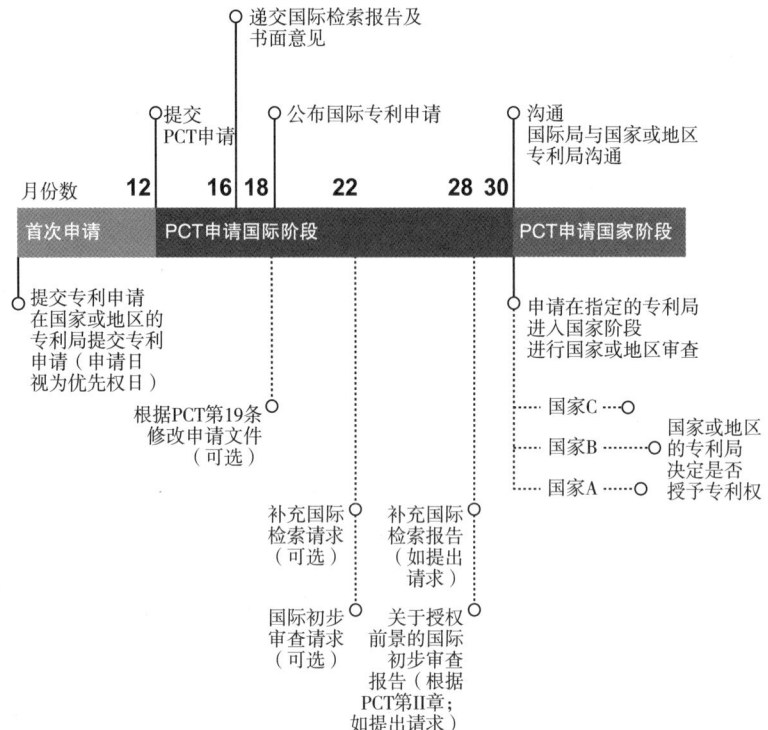

优点：

（1）只需提交一次 PCT 申请，便可向所有 PCT 缔约方提出具有法律效力的专利申请。

（2）形式要求统一。

（3）可收到授权前景信息，以支持企业战略决策。

（4）将支付给国家局的重大费用推迟 18 个月。

图 2　通过 PCT 申请国际专利的流程

根据《巴黎公约》途径，初创企业可以在其所在国本国提出专利申请，然后（在优先权申请期限内）向其他国家提出专利申请。

根据PCT途径，初创企业仅需提交一份PCT国际申请，而不需要在其希望进入的每个国家提交专利申请。初创企业将收到一份国际检索报告，并且可以选择是否请求国际初步审查和补充国际检索。

PCT途径还允许企业将国家或地区审核和相关费用延迟至不超过30个月。[6]

当初创企业提交国际专利申请以在国际市场中保护其技术创新时，还应当考虑在该市场中保护其商标和工业品外观设计权。

在其他国家申请商标权

为了在国外获得商标保护，初创企业根据自己的全球发展目标和预算可采取三种不同的申请策略。

1. **国家途径**。单独向寻求商标保护的每个国家的国家商标局提交商标注册申请。

2. **地区途径**。通过对所有成员国具有法律效力的地区商标注册体系来申请商标保护。目前适用于非洲知识产权组织（OAPI）、非洲地区知识产权组织（ARIPO）、比荷卢知识产权局（BOIP）和欧盟知识产权局（EUIPO）。

3. **国际途径**。通过马德里体系提交国际商标注册申请。

马德里体系由WIPO管理，为在全球范围内注册和管理商标提供了一种方便、经济的解决方案（详见图3）。商标所有人只需要以一种语言提交一次申请并支付一项注册费用，就可以在多个市场申请商标保护。

商标所有人还可通过马德里体系的集约式体系变更、续展或扩大其全球商标组合。

根据马德里体系，商标的国际注册必须基于国家或地区注册申请或登记，该商标称为基础商标。基础商标必须在申请人设有工商营业场所、住所所在或国籍所在的马德里缔约方域内登记或申请。

商标的国际注册申请必须首先提交给原属局（登记或申请基础商标的商标局）。原属局审核该申请后，将其提交给WIPO。WIPO对该申请进行形式审查，将符合形式审查要求的申请在国籍注册簿上进行登记并在《WIPO公报》上予以公布，并通知被指定寻求商标保护的缔约方。被指定缔约方决定是否对该商标予以保护。

如果初创企业在国家或地区商标局提交商标注册申请后的6个月内通过马德里体系提交国际注册申请，则其可以要求将首次申请日期作为优先权日。这意味着，如果竞争者在该优先权日之后就相同或类似的商标在初创企业的目标市场提交注册申请，则初创企业可以要求根据首次申请日期，其申请优先于竞争者的申请。

然而，如果初创企业错过了这6个月的时间，则不能在国际注册申请中要求优先权，而只能以国际注册日期为准。

在这种情况下，如果竞争者在初创企业提交国际注册申请的日期之前（在初创企业首次提交国家或地区注册申请的日期之后）提交商标注册申请，则竞争者将被视为先于初创企业提交申请，初创企业则可能因此无法获得商标权。

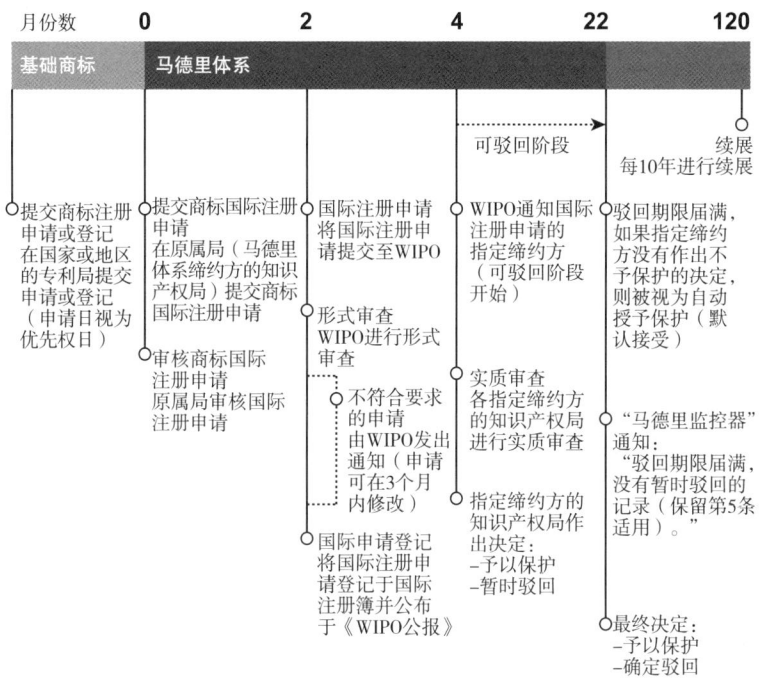

优点：
（1）仅通过一种语言便可向多达 116 个国家提交注册申请。
（2）仅需使用一种货币支付一组费用。
（3）通过单个集约式体系管理续展和变更。
（4）通过后续指定将商标拓展至其他国家。

图 3　通过马德里体系申请国际商标注册的流程

在其他国家申请工业品外观设计权

为了在国外获得工业品外观设计保护，初创企业根据自己的全球发展目标和预算可采取三种不同的申请策略。

1. **国家途径**。单独向寻求工业品外观设计保护的每个国家的国家知识产权局提交申请。

2. **地区途径**。通过对所有成员国具有法律效力的地区设计注册体系来申请保护。目前适用于非洲知识产权组织（OAPI）、比荷卢知识产权局（BOIP）和欧盟知识产权局（EUIPO）。

3. **国际途径**。通过海牙体系提交国际申请。

海牙体系由WIPO管理，初创企业通过向WIPO提交一份国际申请、使用一种语言、支付一组费用，便可以在全世界的多个市场获取、维持和管理工业品外观设计权。由于具有集约式体系，海牙体系还大大简化了国际注册的后续管理（详见图4）。

通过海牙体系提交申请的申请人必须是《工业品外观设计国际注册海牙协定》（以下简称《海牙协定》）缔约方（作为海牙联盟成员的国家或政府间组织）国民，或者在缔约方领土内有住所、工商业营业场所或经常居所。与马德里体系不同，通过海牙体系提交国际申请不需要有在先的国家或地区申请或登记。

国际申请可直接提交至WIPO。WIPO收到申请后，审查其是否满足规定的形式要求。如果满足，则将该申请录入国际注册簿并予以公布。在申请中被指定的缔约方将根据其法律的实质性要求，在规定的期限内决定是否对该外观设计予以保护。

工业品外观设计权的优先权申请期限是6个月。如果一家初创企业已经在某个国家或地区提交了外观设计申请，并希望将保护范围扩展到其他国家或地区，则它可以在首次申请的6个月内通过海牙体系提交国际申请，并要求以首次申请的日期作为优先权日。在优先权申请期限内，申请人相对于在其优先权日之后提交相同或类似工业品外观设计申请的其他申请人享有优先权。与专利申请一样，一旦优先权申请期限届满，且首次申请已被公布，则该设计可能不再被视为具有新颖性，并且可能不符合在其他国家或地区获得保护的条件。

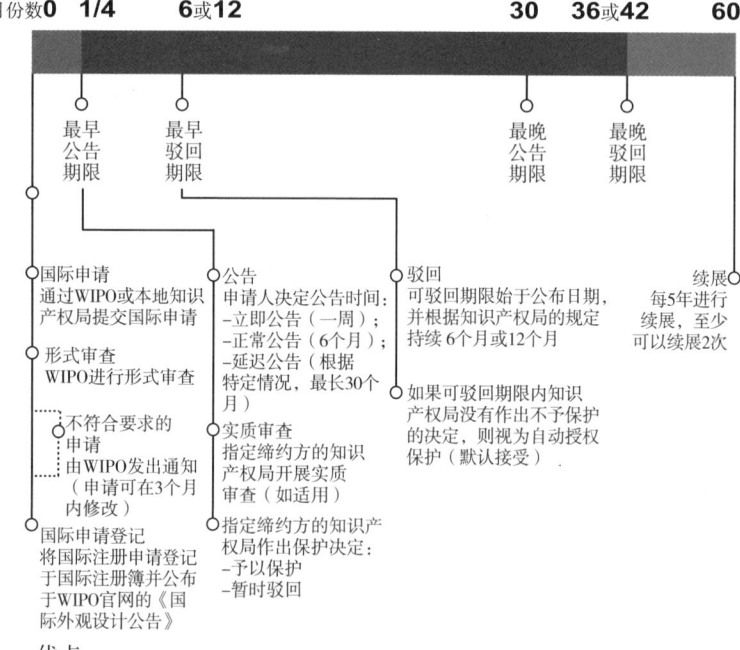

优点：

（1）仅通过一种语言提交一次申请，便可在多个国家或地区提交多达100个属于同一类别的工业品外观设计申请。

（2）仅需以一种货币支付一组费用。

（3）可根据商业策略选择公布申请的时间。

（4）通过单个集约式体系管理续展和变更。

图4　通过海牙体系申请国际外观设计的流程

英国 LYS 技术有限公司

创始人

Christina Petersen

Hugo Strassjo

核心知识产权

1. 审核中的美国和欧洲专利申请。

2. 一个商标。

3. 关于软件和算法的版权。

4. 商业秘密（数据）和技术诀窍。

网站 https://lystechnologies.io

产品

　　像空气、食物和水一样，自然光也是一种天然的、重要的健康来源。如今人们有 90% 以上的时间在室内度过，并且大多数人与自然光没有健康的关系。最新科学研究成果表明，曝光不足会导致睡眠问题、精神问题甚至慢性疾病等一系列健康问题。

通过科学研究、工作环境健康和个人健康方面的应用，LYS公司开发出可穿戴技术、移动应用和数据科学，以实现更健康的光照生活。

LYS公司的解决方案有三个关键步骤：培养自然光对个人健康影响的意识，鼓励行为改变，改善室内灯光。LYS按钮是一种可穿戴的光传感器，能够精确地测量曝光量。LYS应用程序整合该曝光信息，让用户了解日常环境中的光如何对他们产生影响。LYS按钮配合应用程序内一个名为Light Diet®的两周健康程序一起使用。应用程序内个性化的建议和详细的报告促使用户在日常光照习惯中作出改变。LYS应用程序还使用机器学习自动检测智能灯并且调整其颜色、温度和亮度。

知识产权、产品和商业设计

尽管在最初知识产权并不是LYS公司的经营重点，但是两位创始人一直认为数据是LYS公司最有价值的知识资产之一。LYS公司开发了从机器学习算法到硬件设计的强大专利知识资产组合，包括审核中的美国和欧洲专利申请。

事实证明，经过整合、隐去姓名资料和分析的数据能够产生高价值。这些数据为建筑师和建筑公司提供设计决策参考，并被运用于改善工作场所照明和员工健康。LYS公司创建了第一个关于自然光对人体影响的大数据集，已成为重要的价值建议。

虽然LYS公司通过PCT申请来保护其产品和方法，但其最重要的竞争优势在于数据和算法。LYS公司已经意识到它们的重要性，并采取措施来遵守本地和国际的数据隐私法律。目前，LYS公司正在研究将其技术许可给照明公司的模式。此外，LYS公司开发于帝国企业实验室的WE Innovate项目，旨在帮助女性学生形成早期的商业理念。

在其他国家获得版权保护

版权在《保护文学和艺术作品伯尔尼公约》[7]（以下简称《伯尔尼公约》）成员国自动受到保护。《伯尔尼公约》规定了某些强制性的公共条款，但有许多内容留给各成员国自行决定。因此，保护的细节可能在不同地域之间有所不同。由于版权在本质上具有地域性，各地给予的保护将遵守相关国家的法律。

注释

[1] 各国家或地区知识产权局的具体联系方式可以在www.wipo.int/directory/en/urls.jsp 查询。

[2] 1883年的《巴黎公约》是知识产权领域第一个主要的国际性协定，用于保护包括专利在内的工业产权。

[3] 《专利合作条约》(PCT)是一个国际性条约，拥有超过150个缔约方。

[4] 同[3]。

[5] 也有例外的情况，如欧洲专利局和韩国知识产权局都允许申请人在优先权日后31个月内指定希望获得专利保护的国家。

[6] PCT有多项费用减免情形。详见www.wipo.int/pct/en/faqs/faqs.html页面常见问题解答中"根据PCT有可以减免的费用吗？"的相关内容。

[7] 《保护文学和艺术作品伯尔尼公约》。详见www.wipo.int /treaties/en/ip/berne。

其他知识产权运用策略

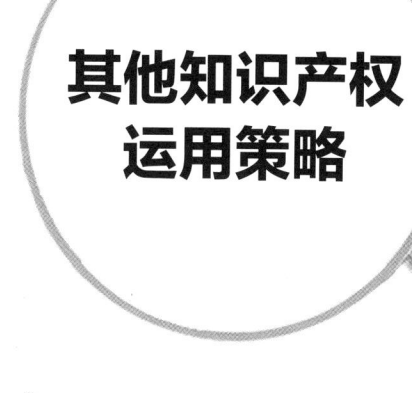

当初创企业获得一项或多项知识产权时，它便可以将其作为资产战略性地运用于业务。如前所述，初创企业可以通过直接将知识产权运用到产品和服务的生产或营销中，从而提高企业竞争力；也可以利用知识产权创造额外的收入，获得融资担保，吸引合伙人、合作者和员工以及增加企业的价值。下面我们将展开讨论这些知识产权运用策略。

许可

除了在核心业务中使用知识产权，初创企业也可以通过授权他人使用来利用其知识产权资产。与有形资产不同，知识产权是一种无形资产，具有可大规模运用的优势，即它可以被许多用户同时利用而自身性质或质量不发生改变。

授权他人使用知识产权，同时保持对该知识产权所有权的运用方式称为许可。许可是一种合同协议（承诺交换），其中一方（许可方）允许另一方（被许可方）使用许可方拥有的知识产权，通常以周期性的付款（许可使用费）[1]实现价值交换。

这种许可机制使拥有知识产权的初创企业能够通过将其部分知识产权资产授权给第三方来创造额外的收入（见图5）。初创企业可以将其知识产权授权给其经营地区内的被许可人，也可以授权给其他地区的被许可人，以免损害自身竞争力。初创企业甚至可能发现将技术许可给直接竞争对手是有利的,如初创企业可以限制竞争对手对该技术的使用范围,或者通过交叉许可机制了解竞争对手的知识产权组合。大多数知识产权密集型企业会构建知识产权组合,识别具有战略性意义而不能许可的知识产权,确定可以许可的知识产权资产。

1. 对企业至关重要的知识产权:不许可	包含企业核心技术或战略技术的知识产权资产,除了销售商和供应商等合作伙伴外,企业不将该知识产权许可给其他人
2. 对企业很重要但符合公共利益的知识产权:许可	包含企业核心技术或战略技术的知识产权资产,但企业为了公共利益(如该知识产权可以挽救生命)决定许可
3. 对企业不重要的知识产权:许可	包含对企业不重要且可以考虑许可的知识产权资产
4. 对企业不重要的知识产权:放弃或许可	包含对企业没有价值的知识产权资产。在这一类别中,由于维持知识产权所有权需要耗费成本,因此,企业应寻求许可或转让该资产。如果该资产在一定时间内未能实现商业化,企业就可以让这些知识产权自动失效

图5　知识产权组合的简要分类

知识产权有多种不同的许可方式。例如,知识产权所有人可以将知识产权以排他许可的方式授权给单个被许可人。在很多排他许可的例子中,知识产权所有人为自己保留部分权利,如将该知识产权运用于自身产品的权利。

知识产权所有人也可以将相同的知识产权以非排他许可

的方式授权给多个被许可人。许可协议还可赋予被许可人与第三人分享该知识产权的权利，即分许可权。通常，许可时会对地域范围或使用方式作出限制。

许可协议内容灵活，可以适应双方的需要。然而，根据双方的目标和标的起草一份稳妥的许可协议往往十分困难。在此情况下，应寻求专业建议。虽然许可协议千差万别，但常见事宜包括以下内容：

1. 大多数国家或地区要求许可协议必须以书面形式订立。

2. 在许多国家，许可协议必须在国家主管部门（如专利局）登记。

3. 授权条款和许可费用条款是许可协议的核心部分。[2]授权条款明确被许可的知识产权和所有可能适用的限制。许可费用条款明确许可人通过许可获得的价值回报。

4. 知识产权许可协议的合同期限不得超过该知识产权的有效期限。[3]

5. 如果许可协议涵盖多个地区，必须在授权条款中单独列明这些地区；如有必要，应针对每个地区的许可单独签订协议。当然，许可协议涉及的所有知识产权必须已经在相关国家获得保护。

6. 对于被许可的商标，许可人应制定明确的规范，以控制商标的规范使用和使用该商标产品的质量，确保其满足消费者对具有该商标产品的期望。

7. 只有被许可人需要在许可协议中获得分许可权，成为分许可的许可人，其才能授权第三方使用许可人的知识产权。

值得说明的是，协议双方对彼此的某些义务在协议终止后仍然存在。存续的权利根据许可的标的和协议的内容有所不同。但是，一份稳妥的协议通常包含以下条款：允许许可人收取到期应支付的许可使用费，允许被许可人销售仍在库存中的被许可产品，要求双方继续履行保密义务，规定在协议终止后进行有限审计的权利等。当知识产权由多个共同所有人拥有时，许可权可能取决于地区法律和所有人之间的协议。应注意评估单个许可人是否有权单方面将共有的知识产权许可给他人。在许多情况下，许可人必须通知共同所有人或获得共同所有人的同意。通常，协议会限制将知识产权许可给任何一个共同所有人的竞争对手。

Arçelik 公司的许可策略

Arçelik 公司在家用电器和电子消费品领域创造了自己的技术，并根据企业的长期战略目标建立了知识产权组合。

根据被许可人能够将技术充分商业化的能力，Arçelik 公司将许可技术区别为核心技术和非核心技术。对于非核心技术，Arçelik 公司愿意与其他人商讨许可机会。

同时，Arçelik 公司还探索与其他企业交叉许可专利技术，以实现双方共赢的机会。在这些商讨中，Arçelik 公司认为，糟糕的策略或执行可能会损害产品的成功，而糟糕的质量管理也可能会损害其品牌或产品的声誉。

Arçelik 公司也渴望参与专利组合项目。如果有财团对 Arçelik 公司所在领域的技术感兴趣，它愿意将其技术专利列入专利库。

如果许可是初创企业的核心商业模式，而确保找到被许可人是其主要收入来源，则该企业不销售产品或服务，而是通过许可协议提供技术授权。基于许可商业模式的例子有蓝牙公司和杜比公司。其中，杜比公司将技术授权给原始设备制造商（OEM），其将该技术应用于娱乐消费产品。

同样的例子还有通过版权授权盈利的初创企业，它们通常将软件授权给第三方。根据不同的商业模式、知识产权类别和所属产业，基于许可的初创企业可能是高产量的（每天授权几个相对低价值的许可），也可能是低产量的（每年授权一个高价值的许可）。初创企业需要根据自身情况为业务开发、谈判和现金流管理建立适当的预许可流程、许可策略和标准协议。

土耳其 Dermis 医药保健和化妆品公司

创始人

Ozgen Ozer 教授

Evren Homan Gokce 博士

Sakine Tuncay Tanriverdi 博士

核心知识产权

1. 两项专利（已在土耳其注册）。

2. 一项欧洲专利。

3. 在澳大利亚、巴西、中国、日本、俄罗斯和美国被授权的专利。

4. 申请中的 PCT 专利（目前处于加拿大国家阶段）。

5. 一个商标。

6. 商业秘密和技术诀窍。

网站 www.dermispharma.com

产品

经临床研究验证，Dermalix™ 伤口护理基质贴片可以治疗由糖尿病、褥疮或烧伤引起的慢性皮肤伤口。在土耳其埃格大学（Ege University）研究期间，该团队构建了一种含有抗氧化剂的真皮微粒基质，其可以显著减少慢性皮肤伤口愈合所需的时间，特别是由糖尿病导致的伤口。Dermis 公司已经获得监管部门的批准，产品预计于 2021 年推出。

知识产权、产品和商业设计

埃格大学的技术转移办公室（TTO）支付了 PCT 专利申请的初始费用，并获得 Dermis 公司的少量股权。

一家风险投资基金向埃格大学提供了一笔贷款，为原专利申请的国家阶段提供资金。

考虑到进入生产阶段所需的启动资金以及销售和人力资源的成本，创始人通过战略合作伙伴关系将她们的技术推向市场。事实证明，专利带来的竞争优势对吸引战略合作伙伴至关重要，最终她们转让了专利权。

Dermis 公司与土耳其一家最大的制药公司合作，并发展成为战略合作伙伴。Dermis 公司将其所有注册专利的所有权、专利的申请权和 Dermalix 产品商标进行转让，但其通过 Dermalix 产品销售而获得的收入百分比未被披露。

这家初创企业保留了它在项目基础上利用的大量技术诀

窍。此外，其与战略合作伙伴在 Dermalix 产品上的持续合作产生了三份新的科学出版物，进一步推动了该产品的技术验证。

初创企业可能还需要购买获取业务所需的知识产权，如以下情况：

1. 大学拥有一项知识产权。大学"分离"出一家初创企业来开发和销售该知识产权。理想情况下，初创企业应该拥有该知识产权，但大学不愿或无法分配它。因此，初创企业需要获得使用许可。

2. 确保自由实施（FTO）。[4] 在这种情况下，初创企业需要获得第三方的知识产权，以开发和销售自己的产品或服务。为了确保经营自由，最可行的办法是许可。在获取许可时，初创企业应注意考虑在企业增长或者可能被其他实体收购的时候需要什么。如果没有事先考虑突发情况，初创企业可能需要重新谈判许可条款，并为此付出高昂的费用，或者无法达成协议。

转让

转让是指出售知识产权资产。转让人将资产的所有权转让给受让人，通常是为了价值，但也有些例外情况（在允许的情况下，转让也可能出于名义考虑）。当转让完成后，受让人拥有被转让知识产权的全部所有权。转让程序受不同国家的不同规则约束，可能需要在国家登记处登记，以便对第三方强制执行。如果正在转让涉及多个地区的知识产权组合，则当事各方需要谨记知识产权的国家性质，并且该资产的出售必须符合每个相关地区的适用法律。值得注意的是，转让和许可可以组合进行。例如，如果一项技术在两个不同的国家获得两项独立的专利，则初创企业可以通过转让获得 A 国的专利，同时通过许可协议使用 B 国的专利。

融资渠道

初创企业在能够获得足够的收入来维持运营之前，还需要筹集资金。任何一家新成立的企业都需要花钱才能赚钱，这是初创企业必经的臭名昭著的"死亡之谷"。由于初创企业在成立时不太可能有足够的收入，它需要足够的资本来支付运营成本，直到能够自给自足。在某些情况下，企业的创始人为其初创企业提供资金。

然而，大多数企业都需要筹集大量资金。许多初创企业必须在起步期或成长期寻求一系列的资金来源。在筹集资金时，资助者通常需要确保初创企业已经采取适当的措施来调查知识产权整体情况并保护其知识产权。下面总结了一些资金来源，图6展示了融资的各个阶段。

政府拨款

TRL 4或以下级别的技术有巨大的技术和商业风险，因而企业不太可能凭借这类技术从传统投资人处获得资金。此外，可能没有法律实体可以获得融资。这种技术往往处于开发阶段，且通常在一个较大的机构（如大学）内研发。从这点考虑，提升TRL所需的资金通常来自大学的研究预算或政府拨款。

但也有些例外情况。例如一些政府已经建立小型拨款机制来促进创业，并提供拨款或长期贷款，使初创企业能够独立开发和验证其技术或商业模式。另一种罕见的情况是天使投资人愿意提供一小笔资金为验证和研发阶段提供资助。

官方研究拨款可能对其资助下产生的知识产权（前景知识产权）的所有权和使用权设定条件。其结果是政府机构或大学可能对该前景知识产权享有权利，而降低了企业家在初创企业自由利用它的能力。如果使用了大学的资源（实验室、材料、人力资源），或者企业家与大学达成了雇佣协议，大学或其他研究资助者可能对产生的知识产权享有全部或部分权利。这取决于当地法律和大学的政策。[5]因此，初创企业应该谨慎核实当地法律和大学的知识产权政策。

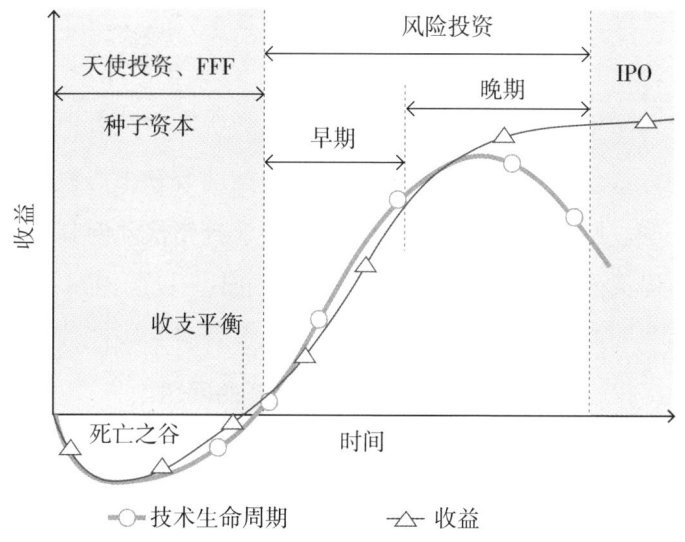

图 6　融资的各个阶段

融资来源图展示了具有长期投资初创企业历史的生态系统。在实践中，融资环境因国而异。

值得注意的是，企业产生收益前（穿越死亡之谷时期）的资金通常来自朋友、家人和其他（FFF），或者天使投资人，也可能来自政府拨款。

大多数风险投资（VC）资助者更倾向于投资那些已经有正现金流（收入高于支出）的企业。部分早期风险投资基金（通常是高科技领域）也会在企业产生收益前进行投资。

通常情况下，初创企业将经历从天使投资到风险投资的几个融资阶段。每个阶段的投资金额都明显高于前一个阶段。

需要注意的是，在早期阶段，收益曲线（—△—）很可能遵循技术生命周期曲线（—○—）。一个基本经验是，如果初创企业不继续创新，而是依赖它最初开发的技术，那么随着技术"年龄"的增长，企业收益可能会下降。

合作项目、财团和国际研究项目的资助中可能也会以类似的方式设置条件，这同样会限制预期前景知识产权的使用和分配。此外，合作项目中，可能要求合作伙伴向其他合作伙伴提供他们自己的知识产权（背景知识产权）。如果初创企业的商业模式需要利用可能依赖第三方背景知识产权的前景知识产权，企业家就需要解决自由实施的问题。

初创企业还可以受益于其他旨在支持创新的政府计划。例如，一些税收制度允许企业在其纳税申报中扣除研发费用，从而降低其成本；还有一些计划，如专利盒，则为企业从知识产权中获得的收入提供税收优惠。

朋友、家人和其他（FFF）

在任何阶段，初创企业都可以从朋友或家人处获得非机构的资金。通常情况下，这些贷款金额很小，往往不附带正式协议，也可能不会出现在初创企业的账簿中。如果初创企业接受FFF投资，应注意记录这些资金流入，以避免未来潜在的法律风险或税收责任。

如果初创企业在启动阶段和早期阶段都是自筹资金，且企业有多个联合创始人，则知识产权的所有权可能会成为一个问题，合伙人应尽早解决。知识产权的分配问题通常可以通过股东协议（SHA）来解决。例如，一个联合创始人可能为初创企业提供资金，而另一个创始人可能带来知识产权或将创建新知识产权的技术知识，可取的做法是将所有相关的知识产权所有权转让给初创企业，并通过初创企业而不是企业家个人来申请保护。

天使投资人

与管理第三方投资人资金的风险投资人不同，天使投资人是投资自己资金的个人，他们倾向于投资自己具备专业经验或感兴趣的领域。与风险投资基金相比，天使投资人通常在较早阶段投资，而且投资的金额通常较少。除了提供资本，优秀的天使投资人还会分享他们的专业知识，支持初创企业的产品和业务发展及后续的集资和管理。与风险投资基金一样，天使投资人通常会获得初创企业的股权作为投资回报。因此，他们对支持的企业享有专有权益，尽管未必是企业现有或创造的知识产权。天使投资人很少要求核心知识产权的专有权益；如果天使投资人提出这样的要求，企业家应当非常谨慎地回应。相比之下，如果相关的知识产权属于大学等独立的实体或属于企业家个人，投资人通常会要求将知识产权分配给初创企业。

风险投资基金

风险投资（VC）基金比天使投资人更制度化。他们通常吸纳并管理其他投资人、高净值个人或其他基金的资金。风险投资基金的投资人整体被称为"有限合伙人"（LPs）。大多数风险投资基金有其侧重的投资领域和倾向的投入阶段。每家基金投资的金额（称为"单笔平均投资规模"）有所不同。由于风险投资基金是机构性质的，对其有限合伙人负有受托责任，因此它们的尽职调查程序和投资决策比天使投资人花的时间要长。

当企业家向风险投资基金提案时，应该采取措施确保企业所在的领域和集资金额与该基金的投资标准相匹配。例如，一家寻求50万美元投资的移动应用程序初创企业要从一家投资规模不少于200万美元的生命科学风险投资基金处获得投资是不太可能的。

显然，如果项目还没有产生收入，企业家必须寻找启动资金；但现金流为正的初创企业出于某些目的也可能希望筹集投资资金（即出售公司的股票），如为了加速增长、进入新市场或将新产品投入市场。融资的核心意义在于增加初创企业的价值。通常情况下，随着初创企业经历几轮融资，创始人的股本份额将大幅下降。但当企业的价值上升时，其每股股票的价值也会上升。如果公司表现良好，整体价值上升，即使较小比例的股本也会有更高的价值。

举个例子，假如一名企业家持有一家价值100万美元的初创企业80%的股份，其股票价值为80万美元。经过几轮投资，这家初创企业的价值上升到5亿美元，企业家的股权占总数的10%，但其股票价值已经上升至5000万美元。

初创企业增值

如前所述，知识产权具有价值，因而是一种资产。知识产权的价值推动了知识产权资产的交易，也为提高企业价值创造了基础。在当今的知识型经济中，企业的无形资产占整体价值的份额越来越大，而实物资产所占份额越来越小。初创企业尤其如此。许多初创企业仅依赖一项发明创造（一笔无形资产）而且几乎没有实物资产，这些企业的价值大致上就是发明创造的价值加上创造者的知识。

然而，知识产权估值往往复杂而困难，[6]对于初创企业尤其具有挑战性，因为其知识产权可能不成熟，仍处于研发阶段或注册过程中。知识产权的价值也不是固定的，在众多因素的影响下，它会随着时间的推移而变化，影响因素包括专利的注册、技术的验证、潜在许可合作伙伴的意向、对技术的需求、不同技术对专利的可替代性等。同样，专利申请的驳回、专利所有权法律状态的变动、新竞品的出现或新的监管限制等因素都会降低知识产权的价值。

然而，企业应尽其所能进行知识产权估值。初创企业首先要牢记将知识产权商业化与许可给大公司在潜在价值上的差异。由于初创企业自身风险，最初前者的价值要比后者低得多；然而，一旦初创企业顺利走过不同的发展阶段并成功验证其业务模式,那么其知识产权的价值将上升,并可能达到远远超出许可收益的货币价值。

从这点考虑,对早期知识产权的估值有几个目的,包括:

1. 计算将知识产权引入初创企业的合伙人的股权份额(与引入资金的合伙人相对)。例如,假设一位合伙人为初创企业提供一份估值10万美元的专利申请,而另一位合伙人则愿意向该初创企业投资等额的资金,那么,在其他因素不会改变股权结构的前提下,两位合伙人将各自拥有初创企业50%的股权。

2. 吸引投资人。一家筹集资金的初创企业需要进行估值,以便潜在投资人确定他们的投资应获得多少股权。对知识产权的估值可能会增加初创企业的价值,使创始人接受相同金额的融资时保留更多的股权。例如,想象一位投资人愿意在早期阶段向一家初创企业投入10万美元。如果该初创企业的估值为50万美元,投资人将获得20%的股权;然而,如果创始人根据对知识产权的估值将该初创企业估值为100万美元,创始人的持股将增加,而投资人以同样投资金额只能获得10%的股权。

3. 初创企业可能计划获取第三方(如大学)知识产权资产的许可,对该知识产权的估值将影响初创企业的启动成本。为了应对这种情况,初创企业可以商定其他选择(如推迟获取该知识产权许可)、向投资人寻求资金(用于获取该知识产权许可)或与该知识产权所有人协商延迟许可使用费支付时间的方案(根据该方案,许可使用费将累积,但初创企业将延迟支付时间，通常延迟至企业产生正现金流后）。

4. 当知识产权被出售、许可、质押，或用于在有相关财政优惠政策的国家获取对商业化知识产权资产税收优惠时，也需要进行估值。企业还可以对其整个知识产权组合进行估值，并将其价值作为资产记录在账簿中，以计算企业的价值。

知识产权估值的触发因素见表1。

表1 知识产权估值的触发因素

分类	估值触发因素
交易	知识产权资产许可、特许经营 知识产权买卖 企业并购、资产剥离、企业分离 合资经营或战略联盟 知识产权资产捐赠
执行知识产权权利	知识产权被侵犯时计算损害赔偿
内部用途	研发投资 知识产权资产的内部管理 战略融资和/或筹集股权/资金 投资人关系
其他目的	财务报告 破产/清算 优化纳税 知识产权资产保险

来源：WIPO知识产权概述模块11关于知识产权估值的内容。链接：www.wipo.int/export/sites/www/sme/en/documents/pdf/ip_panorama_.11_learning_points.pdf。

知识产权资产的价值评估有几种方法[7],以下列举其中一些常用的方法。

成本法

成本法是通过计算在内部或外部开发类似的(或完全相同的)知识产权资产的成本来评估该知识产权资产的价值。它综合所涉及的直接支出和机会成本,同时也考虑贬值的问题。例如,通过计算开发过程中发生的成本,根据通货膨胀调整现时价值并进一步调整以补偿贬值,从而得出知识产权的最终估值。

知识产权资产贬值的计算要从功能、技术和经济维度考虑。其中,功能贬值根据使用该知识产权相对于使用当前最先进的替代方案所需要的额外操作成本来计算得出。当技术进步使知识产权完全丧失价值时,就会出现技术贬值。例如,由于技术上更优越的选择出现,下一代计算机软盘驱动器的专利可能毫无价值。而当以最佳形式使用该知识产权不能提供足够的投资回报时,就会出现经济贬值。

成本法有两种计算方式。复制成本法用于计算精准复制一项知识产权资产所耗费的成本;重置成本法用于计算重新创造一项功能类似的知识产权资产所耗费的成本。

市场法

市场法是将知识产权资产与可比情况下类似知识产权资产的实际交易价格进行比较。这种估值方法的应用前提是必须具备活跃的市场和相同的知识产权资产或一组可比或类似的知识产权资产。如果这些资产不完全具有可比性,则必须找出其中的变量来控制差异。

应用市场法估值的准确程度取决于是否能获得类似知识产权资产的交易信息,包括交易的具体条款、条件和情况(如是否交叉许可、是否在处理诉讼时达成的许可等)。

然而,知识产权资产的定义决定了它的唯一性,即不可能找到两项完全相同或具有高度可比性的知识产权资产。此外,即使找到高度相似的知识产权相关的交易,也很难获取交易的精确信息,因为这些信息通常是保密的。

收益法

收益法是根据知识产权资产预期产生的经济收入对知识产权资产进行估值,并调整为现时价值。收益法是最常用的知识产权估值方法。

使用收益法时需要计算知识产权资产在其剩余有效期(RUL)内的预期收益(或成本节约),将与该知识产权资产直接相关的成本从中抵消,评估风险,最后通过应用贴现率或现值估计率将收益调整为现时价值。

吸引合伙人和合作者

管理良好的知识产权组合表明初创企业非常重视其知识产权，并已采取保护措施。这意味着创新将受到尊重和保护、投资将进入较为安全的有利环境，给潜在的合作者带来信心。

近年来，在"开放创新"的背景下，协作和知识产权的主题变得日益突出。践行开放创新的企业积极吸收来自外界的想法，主动吸引外部合作者来完善他们的产品。而过去，创新通常发生在封闭的环境中，在企业内部产生，很少借助外部力量。

当今，各组织往往寻求外部各方的力量。小型企业越来越多地寻求机会参与更大的项目，并通过采取措施管理知识产权资产及吸引大型企业合作，向其他参与者展示其创新创造能力。虽然开放创新的模式可以为初创企业提供重大机会，但是企业需要注意参与合作的条件有可能涉及知识产权所有权和知识产权许可。寻求合作的各方通常要求合作伙伴转让知识产权所有权或授予广泛的许可，这可能与初创企业的商业模式或利益不兼容。

注释

[1] 参见国际贸易中心与 WIPO (2005)，《交换价值，谈判技术许可协

议：培训手册》(*Exchanging Value, Negotiating Technology Licensing Agreements*: *A Training Manual*)，链接：www.wipo.int/edocs/pubdocs/en/licensing/906/ wipo_pub_906.pdf；WIPO（2015）《成功的技术许可》(*Successful Technology Licensing*)，链接：www.wipo.int/edocs/pub-docs/en/licensing/903/wipo_pub_903.pdf。

[2] 参见 WIPO 环保许可核查清单，链接：www3.wipo.int/wipogreen/docs/en/wipogreen_licens-ingchecklist_061216.pdf。

[3] 然而，请牢记商业秘密可以永久性保护，协议的有效期也可能比其中的知识产权规定更长，尤其当协议涉及服务提供的时候。

[4] 如想了解更多关于自由实施（FTO）的信息，请参见本指南"风险管理"部分的内容。

[5] 如想了解更多信息，请参见 WIPO 大学知识产权政策。链接：www.wipo.int/about-ip/en/universities_research/ip_policies/index.html#toolkit。

[6] 参见 WIPO 知识产权概述模块 11 关于知识产权估值的内容，链接：www.wipo.int/export/sites/www/sme/en/documents/pdf/ ip_panorama_11_learning_ points.pdf；欧洲知识产权咨询平台（European IPR Helpdesk）《情况说明书——知识产权估值》(*Fact sheet*: *Intellectual Property Valuation*)，链接：https://intellectual-property-helpdesk.ec.europa.eu/ip- business_en. 7 Ibid。

[7] 同 [6]。

风险管理

初创企业的成功既取决于理解忽视知识产权制度带来的风险，又取决于懂得运用知识产权来增强竞争力。如果初创企业未能保护所依赖的创新发明，就相当于放弃前面提到的加强和扩展业务的机会；如果不能理解知识产权制度如何运作，就会将自己暴露于易受攻击之下，并产生不必要的成本。初创企业应当将知识产权风险管理作为优先任务列入企业总体商业策略。下面将列举一些比较重要的风险。

明确所有权和使用权

未能获得保护及未能在早期获得保护

如前所述，基于技术的初创企业将创新的产品或服务（有时是单个产品或单项服务）投入市场。创新发明通常是其唯一的或主要的有价值的资源。这种初创企业的主要风险之一是由于未能获得保护而使资产向第三方流失，从而危及整个商业模式。因此，每个初创企业都应当采取保护措施，防止被他人占用其创新发明。为了控制这种风险，初创企业应采取以下行动：

1. 尽早申请保护。
2. 遵守申请的截止时间和进程；清晰列明专利的权利要求范围，以免被第三方钻空子。

3. 在所有相关市场获得保护。

4. 为后续所有技术改进获取保护。

由于知识产权资产具有地域性，初创企业采取知识产权保护策略时应当确保覆盖到它所有的目标市场。一旦获得授权，初创企业必须支付所有相关费用，以继续维持其知识产权保护。

防止泄密

初创企业可能面临的另一种风险是未能在申请知识产权保护之前对潜在知识产权资产保密。如前所述，如果初创企业的发明创造或外观设计被公开（即使只是对少数人公开），则该知识产权将丧失新颖性，并且可能不再具有获得保护的资格（除非在宽限期适用的前提下，该公开在宽限期内发生）。这种泄密情况的发生将给初创企业致命一击。同样，已被公开的商业信息不再具有作为商业秘密获得保护的资格，除非信息是在签订了保密协议的前提下被泄露。因此，初创企业应当提前采取措施与企业员工及与第三方（包括供应商、合伙人和客户）签订保密协议，提出保密要求。

无法获得转让

员工或第三方供应商或承包商可能对发明创造作出贡献或承担责任。在这种情况下，初创企业不能假定自己拥有员工或委托方的工作成果，而应当考虑国家法律的具体规定。

在一些国家，法律规定员工在工作过程中及利用单位条件完成的发明创造所有权自动归属于雇主。然而，考虑到许多初创企业最终将跨境发展，而各地法律的相关规定可能不同，因此建议企业将分配知识产权所有权的条款写入雇佣合同。企业应注意分析现阶段如何使用知识产权，以及随着企业发展将如何使用知识产权。此外，企业应经常审视国家法律，看看这些法律是否规定完成发明创造的员工享有优先权或者雇主有义务奖励对发明创造作出贡献的雇员等。

出于类似的原因，当初创企业与第三方订立协议时，应当清楚地提出和阐明知识产权所有权。在发明性或创造性工作已经由第三方承包商完成的情况下，承包商与初创企业之间的协议应当规定将所有创业成功必需的工作成果分配给初创企业。如果没有这种规定，通常将默认第三方承包商拥有其工作成果，特别是对于诸如软件开发、网站设计和摄影之类的创造性作品，除非该成果已被明确地分配给初创企业。同样，初创企业应当提前谋划，查阅各国法律，并且在所有与外部各方的雇佣协议和合同中详细说明如何确定发明创造的所有权。合同应当规定由员工产生的或委托给第三方完成的所有发明成果归属于初创企业。

还有一种可能发生的情况是初创企业有多个创始人，且每个创始人都在创造和开发最初的产品概念中有所贡献。如果其中一个或多个创始人离开初创企业而没有将他们的权利转让给企业，则企业可能不再拥有开展业务所需的知识产权。

与初创企业雇用或与第三方订立合同的方式相同，较大的企业与较小的企业订立合同以完成某些任务。大型企业请较小的专业企业来解决特定的技术问题，这在开放创新的环境中经常发生。在这种情况下，初创企业处于外部承包商的位置。在开展这类工作之前，初创企业应当与大型企业明确谁将拥有工作成果的知识产权。如果初创企业在被授权获取第三方知识产权（背景知识产权）的情况下开发出新的解决方案（前景知识产权），那么知识产权所有权的分配可能特别复杂。此时最重要的是明确将什么权利归属于谁，以及在使用所产生的知识产权时可能存在什么限制。这些都是很复杂的问题，需要仔细研究并提前协商。

初创企业的目的应该是确保对其创造的知识产权拥有"清晰的"权利。如果无法获得所有权，则初创企业应当获得相关知识产权的使用权，以实现商定的目的。与获得有形资产一样，企业要力图消除关于知识产权所有权的所有疑虑。

防止诉讼

初创企业往往缺乏对抗侵略性诉讼者的资源，因而会被昂贵的诉讼摧毁。诉讼通常是大企业（实际上也是任何有手段的竞争者）青睐的武器，用来打击大有前途的初创企业的发展。初创企业还可能卷入来自"非专利实施实体"（通常被称为"专利流氓")的风险。"专利流氓"的商业模型是搜寻出使用第三方专有技术的小型企业,并且威胁如果不获得许可就将起诉它们。

初创企业可以通过检索第三方知识产权并确保不侵犯该权利,以降低或避免这些诉讼风险。所有注册的知识产权都能够被检索到(专利申请一般在提交后18个月公开),并且初创企业可以很容易地检索和确认自己没有使用专利技术或属于其他人的商业标志和设计。类似地,初创企业应当注意确保不侵犯他人的版权保护作品,以及不非法获取商业秘密。失误可能引发昂贵的诉讼,使初创企业失去关键发展时间,或使其信誉受损。

自由实施

初创企业可能拥有覆盖自己创新定位的知识产权权利,但是仅靠这些权利可能不足以将其产品投入市场。原因是大多数知识产权,尤其是专利权,属于"消极权利"。[1]专利所有人并非自动拥有使用和利用在其专利文件中要求保护的发明的权利。专利仅仅赋予专利所有人排除其他人使用该专利发明的权利。由此可见,初创企业想要销售其产品,可能需要先获得其他知识产权权限。

例如,假设初创企业想要将一种新型电动摩托车充电站商业化，该产品的设计包括可伸缩的充电电缆。在初创企业计划生产或销售其产品的市场中，另一家企业拥有该电缆收回系统的专利。因此，为了销售带有可伸缩充电电缆的新型充电设备，初创企业可能需要获得该企业的专利使用许可。如果初创企业未经许可就将其产品商业化，那么拥有电缆收回系统专利的企业很可能会进行干涉，如要求初创企业停止使用该电缆，或赔偿由于未经授权使用该企业知识产权而使其遭受的损失。

为了防止出现上述情况，初创企业需要检索可能妨碍其将产品投入目标市场的第三方知识产权。这种措施称为自由实施（FTO）分析。[2]

图7所示示例为模拟在设定国家的自由实施分析，有助于理解自由实施分析在实际中如何运作。

在该示例中，初创企业面临阀（④部分）已被第三方专利保护的问题，其有以下选择：

1. 在最终产品中去掉受第三方专利保护的阀。
2. 采用不同的设计，避免使用受第三方专利保护的阀技术。
3. 向该专利所有人购买专利或获得许可，以使用阀技术。
4. 质疑该专利的有效性。

产品在没有阀的情况下可能无法工作，因此第一种选择不可行。如果初创企业不能设计出可替代的阀，可以向第三方专利所有人购买专利或获得该技术的使用许可。然而，如

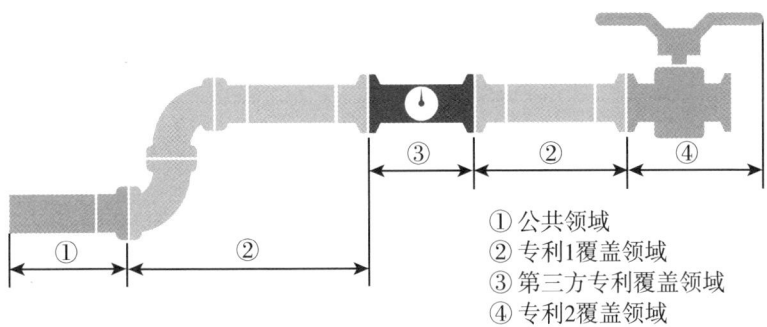

① 公共领域
② 专利1覆盖领域
③ 第三方专利覆盖领域
④ 专利2覆盖领域

（1）某初创企业计划生产和销售产品 A，并将该产品以"Jambu"的名称投入市场。

（2）产品 A 有 7 个独立的子部件。

（3）该初创企业拥有 2 项申请中的专利，覆盖 7 个子部件中的 5 个（图中②和③部分）。

（4）连接器（①部分）是关键子部件，属于公共领域。

（5）阀（④部分）被第三方专利保护。

（6）该初创企业提出的品牌名称"Jambu"已经被另一家企业用于另一种类的产品并获得保护。

图 7　自由实施分析示例：产品 A 及其子部件与
覆盖各部件的专利

果第三方专利所有人不愿意转让或许可该阀专利，或者给出的价格对于初创企业的商业模式而言过于昂贵，则该初创企业可能被迫放弃该项目，或冒着被起诉侵权的风险使用该技术，或者斥巨资尝试使该专利无效。对于已经在产品开发及商业化上投入大量时间和资源的初创企业而言，上述举措可能会造成极其严重的后果。

尽管自由实施的问题通常出现在专利范畴，但是其他知识产权权利也可能引起自由实施争议。例如，在上述示例中，初创企业希望将产品命名为"Jambu"，但该名称已经被保护并用于另一种不同的产品。在这种情况下，初创企业可以使用该名称，因为两个相同的商标可以在同一地域内用于不同类型的产品，除非其中一个商标被认定为"驰名商标"（在这种情况下可能存在使用限制）。

还有其他的例子。某初创企业要生产硬件，但是需要使用受版权保护的软件来运行其硬件或使其硬件与其他系统兼容。或者某初创企业已经开发了移动应用，但是需要获取第三方应用程序接口（API）或软件开发工具包（SDK）。但是在版权领域，合同中的义务条款可能阻止该初创企业对原始源代码进行商业开发或公开源代码，从而限制软件的开放源许可。

初创企业需要在计划商业化其产品的每个地理区域进行自由实施分析。由于知识产权仅在获得授权的国家或地区有效，自由实施分析在不同国家可能生成不同的结果。

出于上述所有原因，强烈建议初创企业在所有感兴趣的市场中尽早地进行自由实施分析，并且在此之前不要投入大量资源来开发产品。如果不采取这些预防措施，初创企业可能会为了获取技术支付更高的费用，并可能面临诉讼及声誉受损的风险。如果初创企业没有足够资源对所有目标市场开展全面的自由实施分析，也可以按照市场、特征、最高风险的专利所有人等因素对目标市场进行优先级排序。

避免浪费时间和资源

许多初创企业容易犯这样的错误：他们"爱上"自己的创意而未能客观地审查该创意是否真的具有新颖性，并且简单地假设没有其他人有相同或等同的创意。这种疏忽大意可能会导致产品和初创企业的失败。如果其他人已经有相同或类似的产品创意，并且已经在初创企业感兴趣的市场中采取保护措施，那么初创企业将被有效地阻止进入那些市场。

因此，初创企业有必要花费心思了解竞争格局，获取重要的信息，避免出现意外情况而留下遗憾，且付出高昂的代价。了解了竞争格局，初创企业就可以将其研发精力集中在有机会的领域中，必要时调整或重新构建开发流程，调整其商业模式，找出潜在的合作者和竞争者，或者只需放弃其创意即可。

公开的数据库是信息的重要来源，可以帮助初创企业作出决策并避免错误。很多免费的数据库包含已公开的专利申请和授权专利，以及商标和外观设计，为企业提供重要的技术、法律和商业信息。

注释

[1] 需要阐明的是，在涉及专利的自由实施分析中，权利要求书（专利文件的特定部分）限定了专利的法律保护范围。用于自由实施分析的材料就是在这部分而不是在其他地方公开。

[2] 参见 2005 年 9 月《世界知识产权组织杂志》(*WIPO Magazine*) 中的"知识产权与商业：新产品投放：自由实施"(*IP and Business: Launching a New Product: freedom to operate*)。链接：www.wipo.int/wipo_magazine/en/2005/05/article_0006.html。

使用知识产权数据库

如前所述，当初创企业申请专利、商标或者工业品外观设计之后，相关国家或地区的知识产权机构会依据知识产权类别及当地法律在一定时间内将申请公开。专利、商标和工业品外观设计数据库提供了重要的商业、技术和法律信息，任何人都可以通过网络免费获取。对于初创企业，从开发到风险管理贯穿整个业务的生命周期中，这些数据库都是有用的资源。

专利数据库

为获得专利权，申请人披露的发明信息要足够详细，使本领域技术人员能够理解。这些信息保存在专利数据库中，具有以下特点：

1. 包含技术解决方案的详细信息。
2. 通常是唯一的信息来源，包含其他地方没有的信息。
3. 涵盖广泛的技术和科学活动。
4. 根据国际专利分类体系进行分类，方便检索。

初创企业可以从多种数据库获取信息，包括当地国家知识产权局管理的免费数据库[1]、涵盖多个国家和地区专利信息的世界知识产权组织 PATENTSCOPE 专利数据库[2]、欧洲专利局 Espacenet 数据库等区域组织数据库，以及 Google Patents 专利数据库和 lens.org 专利检索平台等商业数据库。

初创企业还可以付费获取商业数据库服务供应商维护的专利数据库,这些数据库具备复杂的检索和分析功能。提供商业数据库的机构有 Derwent Innovation(德温特创新平台)、Questel Orbit、PatBase、TotalPatentOne、Ambercite、PatSeer、PatSnap、WIPS Global 和 East Linden。如果初创企业位于符合 WIPO 专业化专利信息查询(ASPI)计划要求的国家,则可以免费或者以优惠价格访问这些数据库。[3] 有些企业可以从国家专利局免费或支付少量费用获得检索和咨询服务。此外,某些地区的初创企业可以使用世界知识产权组织技术和创新支持中心(TISC,链接:www.wipo.int/tisc)提供的服务。

通过查阅专利数据库信息,初创企业可能获得以下几方面帮助:

1. 避免重复研发。

2. 评估一项发明获得专利权的潜力。

3. 避免侵犯第三方专利权。

4. 评估发明的竞争力和独特价值。

5. 利用专利申请描述中尚未获得授权的技术以及在某些国家尚未生效或已失效的专利。[4]

6. 收集关于业务竞争对手创新活动及未来方向的情报。

7. 改进有关许可、技术合作以及并购的商业计划。

土耳其 Vispera 信息技术制造商国内外贸易匿名公司

创始人

Aytül Erçil 教授

Ceyhun Burak Akgül 博士

核心知识产权

1. 在土耳其、英国和美国获得授权的专利。

2. 在印度、土耳其、英国和美国注册的商标。

3. 软件著作权。

4. 商业秘密。

网址　www.vispera.co

产品

Vispera 公司为快消品提供图像识别服务，即运用视觉识别技术捕捉商店零售实时数据，报告货架上的商品位置，减少因缺货或囤货造成的损失。

现有零售库存控制解决方案主要集中于人工监控、跟踪陈列合规性和库存控制。这些措施价格昂贵、效率低下且通常不够准确。据Vispera公司评估，其提供的解决方案可以将销售额提高15%—18%，将成本降低15%。

知识产权、产品和商业设计

商业经营理念的开发包括对知识产权数据库彻底检索来识别、绘制专利布局较少的领域。这些有针对性的检索可以挖掘商业潜力。

Vispera公司在发展初期，在各种政府补助资助下申请两个单独的PCT专利。公司还联合创始人参与风险投资公司，进行运营成本、其他知识产权申请和法律事务的融资。

Vispera公司的知识产权产品组合对全球发展战略至关重要。除了已被授权保护的专利和商标，Vispera公司还在土耳其、英国和美国拥有版权，在印度、土耳其、英国和美国拥有注册商标。

Vispera公司在专有代码方面享有版权，并保护其商业秘密和技术诀窍。在国际上，Vispera公司预计其知识产权资产的许可活动在商业活动中的比例会增加，特别是在软件著作权许可领域。

运用专利数据库和全景分析

专利地图或专利全景分析是指对给定专利的技术领域进行系统检索和分析。专利地图描述了技术领域的全景、可利用的技术解决方法的类型,以及本领域的技术领先者和技术参与者。它基于检索词、关键词、IPC 或 CPC 的分类号进行检索,通过一系列检索运算符提高检索结果准确性。这个过程是反复的。一旦检索数据集最终确定,初创企业可以和研究机构、跨国公司一样,对不同专利技术领域进行分析和可视化呈现,获取核心的、有竞争力的、定量的、定性的情报。对不同类型的信息进行分析和呈现,或者对每个图景目标进行相关联的、多样化的分析(见图 8)。[5]

专利分析可以提供广泛的信息,包括如下:

1.特定技术领域的技术发展趋势。在快节奏的生活中,有些技术很快变得无关紧要,而有些在大数据容纳能力增加的推动下,凭借人工智能的发展呈现爆炸式扩张。如果企业能够确定一项技术在 S 曲线[6]的位置和技术发展方向,就能构建商业策略、专注研发工作。此类信息也有助于确定专利申请的峰值、可能难以进入的重点布局区域("红海")、竞争者相对较少的区域("蓝海")。初创企业可能在相对未开发的区域,也就是专利布局"空白区域"找到一些最有前景的机会。一些类型的分析和服务专注于识别此类信息。

2.特定技术领域的活跃者。专利数据分析有助于识别领域内的领导者和新进入者、潜在合作伙伴和竞争者，并展示随着时间推移他们的专利将如何布局。它可以突出重要发明人的关联关系，如与多种实体间的联系及合作关系（通常为专利联合申请）。这些信息展示了行业参与者、学术界、初创企业、分公司之间进行合作的领域。此外，通过发明人信息能发现过去和现在的关联关系以及联合研究与合作。

专利地图报告包括空间概念图，其将特定专利文件（数据集）中某些术语的词频和集中度可视化呈现。其中，高地或"山峰"表示可能已经饱和的高关注度领域，而位于山峰之间的区域表示专利布局较少的领域，这些"空白区域"也是初创企业特别感兴趣并试图进入市场的领域。有几家公司提供不同的空间概念图，包括德温特创新平台（Derwent Innovation）的Themescape专利地图、智慧芽（PatSnap）的Landscape全景分析地图和Orbit的概念图。其中一个示例如图8所示。此外还有一些文本挖掘工具，如Vantage Point，以及开源工具，如Phthon或者R语言，也提供类似形式的分析。

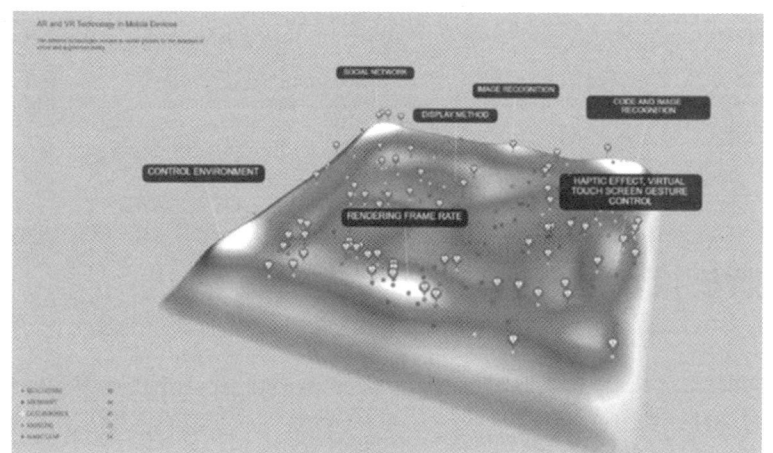

来源：智慧芽（www.patsnap.com）。

图 8　空间概念图

商标和外观设计数据库

初创企业在投入时间和资源，并且依赖其认为能够完美捕捉其产品特点的理想商标之前，进行商标注册检索非常重要。通过检索，初创企业可以确保相同或非常相似的商标尚未被注册或使用于其他相同或类似的产品。初创企业可以从使用简单的互联网检索开始，利用搜索引擎核实其想好的名字是否已在使用中，也可以使用国家或地区商标局的商标数据库、WIPO 的全球品牌数据库[7]进行高级检索。最好的方式是寻求商标代理机构的帮助。与商标类似，对于工业品外观设计而言，核实相同或者非常相似的设计是否已被注册十分重要，WIPO 开发的全球外观设计数据库提供了实用的资源。[8]

版权检索

由于并非所有国家都设有版权登记机构，并且作品登记是自愿的，因此版权的核实更加困难。但是，可以通过在线检索与版权作品可能有相关的商业理念和竞争业务，来识别潜在的与知识产权相关的责任和机会。如前所述，版权保护思想表达的方式，而非思想本身。因此，很有可能围绕受版权保护的作品产生独立的原创作品。例如，由于软件代码可以在许多不同方式下实现相同的输出，可以写出新代码而无须侵犯第三方权利。同样，有时可以围绕已有作品开发新想法。如果新作品更易于使用、更具实用性或吸引力、可以更有效地推向市场，就更容易具备竞争优势。

域名检索

如前所述，初创企业应该核查其首选域名是否可用。[9]如果检索结果显示不可用，应该选择其他域名或者向域名所有人购买自己想用的域名。企业也可以修改其首选域名，或者尝试注册其他通用顶级域名（gTLD）和国家或地区代码顶级域名（ccTLD）新的 gTLD 可能有更多可用域名。如果想获取更多有关域名的信息，请参阅"使你的产品在市场上脱颖而出"部分。

注释

[1] www.wipo.int/directory/en/urls.jsp。

[2] www.wipo.int/patentscope。

[3] www.wipo.int/aspi。

[4] 如果想获取更多关于在公共领域识别和使用信息的内容，参见 WIPO（2020）《在公共领域识别发明——发明家和企业家指南》（*Identifying Inventions in the Public Domain: A Guide for Inventors and Entrepreneurs*），链接：https://www.wipo.int/edocs/pubdocs/en/wipo_pub_1062.pdf。也可参见 WIPO《在公共领域使用发明——发明家和企业家指南》（*Using Inventions in the Public Domain: A Guide for Inventors and Entrepreneurs*），链接：www.wipo.int/edocs/pubdocs/en/wipo_pub_1063.pdf。

[5] 参见 WIPO 专利概况报告。链接：www.wipo.int/patentscope/en/programs/patent_landscapes。

[6] S 曲线技术是一项技术生命周期的图形化表达，描绘了技术的萌芽、成长、成熟和衰退阶段。

[7] 参见WIPO全球品牌数据库。链接：www.wipo.int/reference/en/branddb。

[8] 参见WIPO全球外观设计数据库。链接：www.wipo.int/reference/en/designdb。

[9] 参见ICANN域名注册数据查找。链接：https://lookup.icann.org/lookup。

知识产权审计

知识产权审计[1]是对企业拥有、使用或获取的知识产权的系统审查。知识产权审计可以为知识产权资产管理评估和管理风险、补救问题及实施最佳实践。基于知识产权资产、相关协议、相应政策和合规程序的全面审查，知识产权审计可以从以下方面为企业提供帮助：

1. 清点或者更新知识产权资产。

2. 分析资产的使用方式或未使用原因。

3. 确认企业使用的知识产权资产属于企业还是其他人。

4. 确认企业使用的知识产权资产是否侵犯他人权利，以及他人是否侵犯企业的知识产权。

表2是一个简化的知识产权审计清单。企业可以利用该信息确认就每项知识产权资产而言，采取什么行动来实现业务目标[2]。

表2 知识产权审计中要考虑的问题的简化清单

序号	问题清单
	企业有哪些潜在的知识产权资产？
1	（1）用于识别产品或服务的标志、名称、标签。 （2）创新想法、做事新方法、技术解决方案。 （3）创意文字作品、软件、广告歌曲、视频剪辑等。 （4）有吸引力的包装、设计、独特的形状等。 （5）内部商业情报，如报告；数据分析；市场信息；生产信息；专有技术和非专有技术；客户名单和客户信息；操作和设计手册；设计、图纸、图表和艺术品；想法和计划；公式

续表

序号	问题清单
1	和计算；样板；实验室笔记和实验；供应商和供应商信息；研发信息；成本、价格、利润、亏损和边际量数据；预测和计划；广告材料；财务信息；预算和预测；软件和源代码。
2	这些知识产权资产是否可以作为商业秘密、专利、商标、域名、工业品外观设计或者版权进行保护？
3	是否存在所有权问题？
	是否采用了企业创始人或员工在雇佣期间的创意，或者是否采用了承包商、供应商或客户的创意？
4	是否有知识产权的相关协议？
	是否可以进行知识产权转让？
5	如果签订的协议不包括知识产权转让，是否采取了其他措施将知识产权转让或者许可给企业？
6	是否存在侵权问题？
	（1）企业是否侵犯了任何第三方的权利？
	（2）第三方是否侵犯了企业的权利？
7	如果不存在所有权或者侵权问题，考虑如下问题：
	（1）是否已采取措施使商标、域名、专利和工业品外观设计的申请文件表述得当？
	（2）是否已按时缴纳年费来维护这些申请或资产？
8	是否在所有目标国家都提交了申请？

续表

序号	问题清单
9	是否已通过以下措施对商业竞争情报保密？ （1）采取保护措施；限制信息访问权限。 （2）与可能披露信息的员工和第三方签署保密协议。 （3）与离职员工签署竞业禁止协议；传达内部政策，防止无意泄密。
10	知识产权资产如何实现为企业商业战略目标增值？ （1）它们是否都用于企业核心业务？ （2）其他人是否有权使用它们？ （3）某些知识产权是否应该放弃、捐赠或以其他方式使用？ （4）它们是否可以用来吸引投资者、合作伙伴和合作者？

注：如想获取更多相关信息，请参阅东南亚知识产权中小企业服务平台的知识产权审计清单。链接：www.southeast asiaiprhelpdesk.eu/sites/default/files/publications/EN_Audit.pdf。

也可参阅 Alan R. Singleton 的知识产权审计清单（Singleton Law Firm, P.C）。链接：https://nebula.wsimg.com/d88b0ffd498cd797d780f38d40a0a316?AccessKeyId=532DB1B257AADAEA6A76&disposi-tion=0&alloworigin=1。

对于企业而言，知识产权审计既是有用的一般内部管理程序，又可帮助企业理解知识产权资产状态以达到具体目的。例如，一家初创企业已经研发出新产品或新服务，但不确定是否要形成知识产权资产，因而想要了解有什么策略可供选择。审计将帮助确定如何运用知识产权资产支持商业战略、评估竞争实力及管理风险,也有助于初创企业做好投资准备。投资者希望清晰掌握初创企业知识产权状况。出于类似原因,审计有助于其决定是否要收购一家初创企业,以及何时收购(包括退出阶段)。

此外,审计披露的资产不会直接影响核心业务活动,并且初创企业可能通过许可或出售的方式产生现金流,以及识别多余的资产,包括产生不必要维护成本的资产和应该减少的资产组合。

知识产权审计的第一步是确定初创企业的知识资产,即识别所有的知识资产,分辨有资格获得知识产权保护的资产。作为知识资产的子分类,由于知识产权为法律授权所得,所以其与其他知识资产存在区别。

首先,在内部流程中,初创企业可以监控自己与竞争对手的差异所产生的竞争优势。例如,初创企业在项目管理、存储敏感化学品或内部客户关系管理(CRM)系统领域是否建立了完善的操作程序?员工的知识是否成为企业重要的知识资产?评估员工的专业技能并不容易。其中一种方法是根据员工的职位要求跟踪员工的岗位说明,评估每位员工增加的价值。这个操作应该通过记录保存程序(实验室书籍、项目开发简报、研究文件等)进行补充,让企业获取并内化知识资产。

识别出属于知识产权或潜在知识产权的资产后,可以通过审计确定其状态。例如企业是否拥有知识产权资产、拥有哪些资产的知识产权，以及该权利是否仍然有效？如果没有知识产权，企业是否已采取措施来获取所有权或者通过许可获取使用权？

通过本次实践收集的信息将帮助初创企业发现内部流程中的缺陷，确定如何更好地管理成本，明确侵权发生的可能性以及识别合作机会。

许多基于知识产权的初创企业都犯了未持续更新知识产权组合的错误。结果，它们可能失去通过知识产权获得的初始竞争优势。想象一下，第一个产品受到专利保护，并获得了成功之后，初创企业不断创新并推出几代具有重要附加功能的产品。然而，它完全依赖原始专利，未就产品升级获得知识产权保护。结果，企业的新产品容易被抄袭，导致竞争对手对初创企业的市场优势造成威胁。初创企业的知识产权管理战略必须与创新战略相一致。初创企业应定期进行知识产权审计，确定知识产权资产状态，确保知识产权得到充分、适当的保护，并不断更新。

注释

[1] 如果想进行知识产权自我评估，可参阅 WIPO 知识产权诊断。链接：www.wipo.int/ipdiagnostic。

[2] 参见 WIPO 知识产权审计模块 10，链接：www.wipo.int/export/sites/www/sme/en/documents/pdf/ip_pan-orama_10_learning_points.pdf。

附录 1
服务供应商

由于资源有限，初创企业往往无法聘请合格的外部服务供应商。大多数初创企业要么不知道自己需要外部供应商的服务，要么负担不起这种服务。创业者往往不考虑这种需求，或试图自己实现这种需求。初创企业尤其不倾向于在如下两个关键领域获得所需的支持：法律建议和知识产权支持。虽然这个问题没有简单的解决方案，但当初创企业知道自己何时需要帮助时更有可能找到临时的解决方案。创始人应该研究当地是否有育成加速和孵化项目，向学术机构的技术转移办公室（TTO）寻求建议，并向那些能提供免费服务或者服务价格不贵的供应商寻求帮助。在融资阶段，初创企业应该有清晰的预算，包括雇用外部服务供应商的费用，以及知识产权更新和维护的费用。大多数风险投资基金不会质疑这类花费，因为这是了解初创企业能力的关键所在。

初创企业可能会在起草专利申请文件、起草法律基础文件或形成可行的商业模式等方面需要建议。有些机构虽不是到处都有，但却能有力地支持早期的创业者起步。

加速器

通常,加速器是帮助初创企业"加速"成长的营利性机构。该类机构提供指导，帮助初创企业进行能力建设，在某些情况下还提供一些投资，以换取少量股权。顶级的加速器对申请人十分挑剔,在申请的程序方面十分严格。加速器的目标是让初创企业做好准备接受风险投资。新兴经济体、大学或科技园正在扮演育成加速机构的角色,其中一些侧重于生命科学、环保技术等领域。好的加速器还会提供来自特定行业、具备法律或知识产权专业知识的导师或员工,帮助初创企业应对上述各种挑战。还有一些加速器在不同的国家设有办事处,可以为希望进入国际市场的初创企业提供"停机坪"。

孵化器

孵化器通常由大学、风险投资基金或公司赞助,一般是非营利性机构,部分孵化器会提出对期权(未来行使的权利)的要求,以此获得初创企业的股权。大多数孵化器在初创企业成立初期就会接受其存在,甚至在其合法成立之前就允许创业者探索自己的商业理念,并让创业者能带着一个健全的战略和商业模式走出孵化器。一个好的孵化器就像一个好的加速器,会提供一些指导,帮助初创企业构建商业模式,解决知识产权和其他法律问题,并为初创企业提供有用的信息。

技术管理办公室

技术管理办公室（TMO）也称为技术转让办公室或知识管理办公室，通常设在大学或研究中心运作。TMO模式因国而异，不过它们的主要目的均是通过许可将知识产权（通常是在大学产生的专利）转让给业界，并给大学带来收益。

从理论上讲，TMO还管理知识产权，把知识产权转让给初创企业或大学衍生企业，在这方面，不同的TMO其方法和目标也大相径庭。一些TMO的使命是培育学术创业的氛围，有效发挥孵化器或加速器的作用；另一些则是从其知识产权组合中寻求最大价值，并且有可能不提供特殊条款或特权给大学的衍生企业。一般来说，TMO的员工通常精通知识产权专业知识，并善于解决知识产权相关问题。TMO也会为初创企业管理知识产权申请和成本，初创企业有时以换取小部分的股权、购买股权的选择权，或在开始有收入时支付专利费等方式作为回报。

政府、非政府组织和国际支持项目

大多数政府都提供有趣的支持项目促进创业和创新。有些政府提供小额计划资本帮助初创企业启动，也有些政府在特定情况下为专利申请提供资金支持。大多数国家的专利局都设有问询台，向公众宣讲知识产权保护途径和申请步骤。一些国际基金组织在其感兴趣的各种技术或市场领域提供孵化和加速服务。还有许多国际组织提供免费的信息，帮助初创企业找到资深的专家、有用的数据库和进军国际市场的有益信息（见"附录2　原书资料清单"）。

附录 2
原书资料清单

[1] WIPO (2006). *Creative Expression*: *An Introduction to Copyright and Related Rights for Small and Medium-sized Enterprises.* Intellectual Property for Business Series no. 4. www.wipo.int/edocs/pubdocs/en/sme/918/wipo_pub_918.pdf

[2] WIPO (2015). *Successful Technology Licensing.* https://www.wipo.int/edocs/pubdocs/en/licensing/903/wipo_pub_903.pdf

[3] WIPO (2017). *Making a Mark : An Introduction to Trademarks for Small and Medium-sized Enterprises.* Intellectual Property for Business Series no. 1. www.wipo.int/edocs/pubdocs/en/wipo_pub_900_1.pdf

[4] WIPO (2018). *Inventing the Future : An Introduction to Patents for Small and Medium-sized Enterprises.* Intellectual Property for Business Series no. 3. www.wipo.int/edocs/pubdocs/en/wipo_pub_917_1.pdf

[5] WIPO (2019). *In Good Company*: *Managing Intellectual Property Issues in Franchising.* Intellectual Property for Business Series no.5. https://www.wipo.int/edocs/pubdocs/en/sme/1035/wipo_pub_1035.pdf

[6] WIPO (2019). *Looking Good*: *An Introduction to Industrial Designs for Small and Medium-sized Enterprises.* Intellectual Property for Business Series no. 2. www.wipo.int/edocs/pubdocs/en/wipo_pub_498_1.pdf

[7] WIPO (2020). *Identifying Inventions in the Public Domain : A Guide for Inventors and Entrepreneurs.* www.wipo.int/edocs/pubdocs/en/wipo_pub_1062.pdf

[8] WIPO (2020). *Using Inventions in the Public Domain : A Guide for*

Inventors and Entrepreneurs. www.wipo.int/edocs/pubdocs/en/wipo_pub_1063.pdf

[9] WIPO Academy. Distance learning program. www.wipo.int/academy/en

[10] WIPO Global Brand Database. www.wipo.int/reference/en/branddb

[11] WIPO Global Design Database. www.wipo.int/reference/en/designdb

[12] WIPO Green Licensing Check List. www3.wipo.int/wipogreen/en/network/index.html#licensing

[13] WIPO Inventor Assistance Program (IAP) .www.wipo.int/iap

[14] WIPO IP Diagnostics. www.wipo.int/ipdiagnostic/

[15] WIPO IP for Business website. www.wipo.int/sme/en

[16] WIPO IP PANORAMA. www.wipo.int/sme/en/multimedia

[17] WIPO Lex Database Search. https://wipolex.wipo.int/en/main/legislation

[18] WIPO Patent Landscape Reports. www.wipo.int/patentscope/en/programs/patent_landscapes

[19] WIPO PATENTSCOPE database. www.wipo.int/patentscope

[20] WIPO Technology and Innovation Support Centers (TISCs) . www.wipo.int/tisc

[21] WIPO Universities and Intellectual Property.www.wipo.int/about-ip/en/universities_research

[22] WIPO Website. www.wipo.int

[23] WIPO and the International Chamber of Commerce (2012) . *Making Intellectual Property Work for Business-A Handbook for*

Chambers of Commerce and Business Associations Setting Up Intellectual Property Services. www.wipo.int/publications/en/details.jsp?id=295&plang=EN

[24] WIPO and the International Trade Center (2003). *Marketing Crafts and Visual Arts: The Role of Intellectual Property.* www.wipo.int/publications/en/details.jsp?id=281&plang=EN

[25] WIPO (2003). *Secrets of Intellectual Property: A Guide for Small and Medium-sized Exporters.* www.wipo.int/publications/en/details.jsp?id=294&plang=EN

[26] WIPO (2005). *Exchanging Value, Negotiating Technology Licensing Agreements: A Training Manual.* www.wipo.int/publications/en/details.jsp?id=291&plang=EN

附录 3
资料清单译文

[1] 世界知识产权组织（2006年）. 创意表达——中小企业版权及相关权利入门［EB/OL］. 企业知识产权系列出版物4号, www.wipo.int/edocs/pubdocs/en/sme/918/wipo_pub_918.pdf.

[2] 世界知识产权组织（2015年）. 成功的技术许可［EB/OL］. https://www.wipo.int/edocs/pubdocs/en/licensing/903/wipo_pub_903.pdf.

[3] 世界知识产权组织（2017年）. 留下印记——中小企业商标及品牌入门［EB/OL］. 企业知识产权系列1号出版物, www.wipo.int/edocs/pubdocs/en/wipo_pub_900_1.pdf.

[4] 世界知识产权组织（2018年）. 发明未来——中小企业专利入门［EB/OL］. 企业知识产权系列3号出版物, www.wipo.int/edocs/pubdocs/en/wipo_pub_917_1.pdf.

[5] 世界知识产权组织（2019年）. 益友良伴——特许经营知识产权事务管理［EB/OL］. 企业知识产权系列5号出版物, https://www.wipo.int/edocs/pubdocs/en/sme/1035/wipo_pub_1035.pdf.

[6] 世界知识产权组织（2019年）. 注重外观——中小企业工业品外观设计入门［EB/OL］. 企业知识产权系列2号出版物, www.wipo.int/edocs/pubdocs/en/wipo_pub_498_1.pdf.

[7] 世界知识产权组织（2020年）. 在公共领域识别发明——发明家和企业家指南［EB/OL］. www.wipo.int/edocs/pubdocs/en/wipo_pub_1062.pdf.

[8] 世界知识产权组织（2020年）. 在公共领域使用发明——发明家和企业家指南［EB/OL］.www.wipo.int/edocs/pubdocs/en/wipo_pub_1063.pdf.

[9] 世界知识产权组织学院. 远程学习计划［EB/OL］.www.wipo.int/academy/en.

[10] WIPO 全球品牌数据库［EB/OL］.www.wipo.int/reference/en/branddb.

[11] WIPO 全球外观设计数据库［EB/OL］.www.wipo.int/reference/en/designdb.

[12] WIPO 环保许可核查清单［EB/OL］.www3.wipo.int/wipogreen/en/network/index.html#licensing.

[13] WIPO 发明者援助计划（IAP）［EB/OL］.www.wipo.int/iap.

[14] WIPO 知识产权审计［EB/OL］.www.wipo.int/ipdiagnostic/.

[15] WIPO 商业知识产权网站［EB/OL］.www.wipo.int/sme/en.

[16] WIPO 知识产权概述［EB/OL］.www.wipo.int/sme/en/multimedia.

[17] WIPO Lex 数据库搜索［EB/OL］.https://wipolex.wipo.int/en/main/legislation.

[18] WIPO 专利概况报告［EB/OL］.www.wipo.int/patentscope/en/programs/patent_landscapes.

[19] WIPO PATENTSCOPE 数据库［EB/OL］.www.wipo.int/patentscope.

[20] WIPO 技术和创新支持中心（TISCs）［EB/OL］.www.wipo.int/tisc.

[21] WIPO 大学和知识产权［EB/OL］.www.wipo.int/about-ip/en/universities_research.

[22] WIPO 网站［EB/OL］.www.wipo.int.

[23] WIPO 和国际商会（2012 年）.让知识产权在商业中发挥作用——商会和商业协会设立知识产权服务手册［EB/OL］.www.wipo.int/publications/en/details.jsp?id=295&plang=EN.

[24] WIPO 与国际贸易中心（2003 年）.营销技艺和视觉艺术——知识产权的作用［EB/OL］.www.wipo.int/publications/en/details.jsp?id=281&plang=EN.

[25] WIPO（2003 年）.揭秘知识产权——中小出口商指南［EB/OL］.www.wipo.int/publications/en/details.jsp?id=294&plang=EN.

[26] WIPO（2005 年）.交换价值，谈判技术许可协议——培训手册［EB/OL］.www.wipo.int/publications/en/details.jsp?id=291&plang=EN.